Collection *Saveurs*

LES CANNEBERGES

ELAINE ELLIOT

Photographies de Julian Beveridge
Traduit de l'anglais par Marie-Claude Rioux

ÉDITIONS CARRÉ ST-LOUIS
1999

CRÉDIT PHOTOGRAPHIQUE :
Toutes les photographies ont été prises par Julian Beveridge, à l'exception de celles mentionnées ci-dessous :
Ocean Spray International Services Inc. : p. 5, en haut, en bas. Chuck Russell, *The Vancouver Sun*: p. 4, en haut.

ÉTABLISSEMENTS PARTICIPANTS :
Auberge Blomidon, Wolfville, N.-É.
Auberge Cranberry Cove, Louisbourg, N.-É.
Auberge de campagne Jubilee Cottage, Wallace, N.-É.
Auberge de campagne Little Shemoque, Port Elgin, N.-B.
Auberge de campagne Shadow Lawn, Rothesay, N.-B.
Auberge Halliburton House, Halifax, N.-É.
Auberge historique Kaulback House, Lunenburg, N.-É.
Auberge Inn at Bay Fortune, Bay Fortune, Î.-P.-É.
Auberge Inn on the Cove, Saint John, N.-B.
Auberge Inn on the Lake, Waverley, N.-É.
Auberge Mountain Gap, Smith's Cove, N.-B.
Auberge Tattingstone, Wolfville, N.-É.
Auberge Whitman, Kempt, N.-É.
Café Actor's Retreat, Victoria, Î.-P.-É.
Café et artisanat Charlotte Lane, Shelburne, N.-É.
Café et bistro Sunshine on Main, Antigonish, N.-É.
Café et cuisine Libertine, Halifax, N.-É.
Centre de villégiature Briars, Jackson's Point, Ont.
Gîte du passant Murray Manor, Yarmouth, N.-É.
Hôtel Dundee Arms, Charlottetown, Î.-P.-É.
Hôtel Prince Edward, Charlottetown, Î.-P.-É.
Maison Wickwire, Kentville, N.-É.
Restaurant Aux Anciens Canadiens, Québec, Qc
Restaurant Catherine McKinnon's Spot O' Tea, Stanley Bridge, Î.-P.-É.
Restaurant Seasons in Thyme, Summerside, Î.-P.-É.
Salle à manger La Maison, Halifax, N.-É.
Salle à manger La Perla, Dartmouth, N.-É.

Ce livre est dédié à ma famille et aux nombreux chefs et aubergistes qui ont si généreusement accepté de partager leurs recettes. Je les remercie de leur appui.

Édition anglaise copyright © 1999 par Formac Publishing Company Limited
Traduction française copyright © 1999 par Éditions Carré St-Louis

Tous droits réservés. La production ou la divulgation d'un extrait quelconque de cet ouvrage, par quelque procédé que ce soit, tant électronique que mécanique, en particulier par photocopie ou au moyen de systèmes d'entreposage ou de récupération d'information, est interdite sans l'autorisation écrite de la maison d'édition.

Éditions Carré St-Louis remercie Patrimoine canadien ainsi que le ministère de l'Éducation et de la Culture de la Nouvelle-Écosse pour leur appui au développement de la rédation et de la publication au Canada.

Données de catalogage avant publication (Canada)
Elliot, Elaine, 1939-
    Les canneberges
    Traduction de : *Cranberries*.
    Comprend un index.
    ISBN 0-88780-491-8
1. Cuisine (Canneberges).   I. Titre.
TX813.C7E44 1999   641.6'476   C99-950073-2

Distribué par :
Diffusion Prologue Inc.
1650 boul. Lionel Bertrand
Boisbriand, Québec J7H 1N7

TABLE DES MATIÈRES

Introduction *4*

Les petits déjeuners *7*

Les entrées, les soupes et les accompagnements *15*

Les plats principaux *27*

Les desserts *49*

Index *64*

INTRODUCTION

Pendant de nombreuses années, les canneberges ont été associées aux fêtes de Noël et de l'Action de grâces, où elles étaient servies en sauce. Ce livre nous permet de découvrir un monde de délices merveilleux, produits à partir de ce petit fruit commun à nos régions. Des chutneys aux soupes, des plats principaux aux desserts délectables, les canneberges font la preuve qu'elles peuvent être apprêtées aussi facilement que n'importe quelle autre baie.

Dans ce neuvième livre de la collection *Saveurs*, les chefs de la région ont accepté de partager leurs recettes aux canneberges. Le photographe Julian Beveridge a visité plusieurs auberges et restaurants afin de capter les plats tels qu'ils sont présentés aux clients.

INTRODUCTION

HISTOIRE

Les canneberges, connues aussi sous le nom de atocas, poussent sur des vignes qui croissent dans les régions marécageuses du nord de l'Amérique du Nord. On peut facilement trouver ces baies à l'état sauvage. Actuellement, la culture commerciale et la récolte des canneberges contribuent grandement à l'industrie de production alimentaire.

Cette petite baie, de forme ovale et dont l'intérieur contient des graines, devrait être ferme et lisse au toucher. Sa couleur varie de rouge moyen à rouge foncé lorsque vient le temps de la récolte. En Europe, l'airelle de montagne, également du genre *vaccinium*, pousse sur des buissons dans les régions froides et montagneuses de la Scandinavie et de l'Allemagne. De façon traditionnelle, les gourmets des deux continents servent ces baies au goût acidulé avec de la volaille ou de la venaison rôtie. De nos jours, les canneberges se retrouvent sous les projecteurs du monde culinaire grâce à une meilleure appréciation de leur valeur nutritionnelle et en raison de l'intérêt que leur portent les chefs lors de la création de nouvelles recettes.

Les canneberges sont mûres à la fin de l'automne et sont généralement récoltées en

septembre et en octobre. Jetez les baies qui ne sont pas lisses ou qui sont abîmées.

Placez les canneberges fraîches dans un sac de plastique et rangez-les au réfrigérateur. Les baies se conserveront ainsi un mois, au plus. Lavez les baies soigneusement avant de les utiliser. Les canneberges se congèlent très bien et peuvent être gardées pendant un an. Placez-les dans des sacs de plastique résistants et hermétiques sans les laver. Les canneberges congelées devraient être rincées, nettoyées et utilisées sans avoir à les décongeler. On peut les utiliser dans la plupart des recettes qui incorporent des baies fraîches.

Les canneberges contiennent une grande quantité de pectine naturelle, ce qui en fait un ingrédient idéal pour les sauces et les chutneys.

Certaines des recettes de ce livre utilisent des canneberges sucrées et séchées au soleil. Vous pouvez vous en procurer dans la plupart des supermarchés. Elles ajoutent une dimension intéressante aux sauces et aux plats cuisinés. Leur valeur nutritionnelle en fait aussi une collation idéale.

VALEUR NUTRITIONNELLE

Une portion de 250 ml (1 tasse) de canneberges fraîches contient 47 calories et constitue une excellente source de vitamine C. Les canneberges contiennent peu de calories et de sodium et elles sont riches en fibres.

LES CANNEBERGES

LES PETITS DÉJEUNERS

Rien de mieux pour commencer la journée qu'une gâterie au goût appétissant des canneberges!

◄ Les savoureux muffins aux canneberges et à l'orange de l'auberge historique Kaulback House, située à Lunenburg, en Nouvelle-Écosse.

MUFFINS AUX CANNEBERGES ET À L'ORANGE

AUBERGE MOUNTAIN GAP, SMITH'S COVE, N.-É.

Voici un muffin au goût délicieusement acidulé. Le concentré de jus d'orange se marie bien aux canneberges. Je vous recommande de doubler la recette parce que ces muffins se congèlent bien.

250 ml (1 tasse) de canneberges, hachées grossièrement

1 oeuf, battu

160 ml (2/3 tasse) de lait

80 ml (1/3 tasse) de beurre, fondu

45 ml (3 c. à table) de jus d'orange concentré

2 ml (1/2 c. à thé) de vanille

Le zeste d'une orange

425 ml (1 3/4 tasse) de farine

12 ml (2 1/2 c. à thé) de poudre à pâte

80 ml (1/3 tasse) de sucre

5 ml (1 c. à thé) de sel

Préchauffer le four à 200 °C (400 °F). Mélanger les canneberges, l'oeuf, le lait, le beurre, le jus d'orange concentré, la vanille et le zeste. Dans un bol séparé, tamiser la farine et la poudre à pâte et y ajouter le sucre et le sel. Ajouter le mélange liquide aux ingrédients secs. Remuer juste assez pour mélanger. Verser dans des moules à muffins tapissés de papier et cuire de 20 à 25 minutes, jusqu'à ce que les muffins soient dorés. Donne 12 muffins.

GÂTEAU AUX CANNEBERGES CORDON ROUGE

AUBERGE CRANBERRY COVE, LOUISBOURG, N.-É.

L'auberge Cranberry Cove surplombe le havre de Louisbourg. L'aubergiste Carole Swander y sert ce délice aux canneberges « tout juste sorti du four ».

Garniture

60 ml (1/4 tasse) de farine

30 ml (2 c. à table) de sucre

15 ml (1 c. à table) de beurre

Sauce aux canneberges

500 ml (2 tasses) de canneberges

250 ml (1 tasse) de sucre

125 ml (1/2 tasse) d'eau

Placer les canneberges, le sucre et l'eau dans une casserole et faire cuire à feu moyen-vif. Amener à ébullition, réduire le feu et laisser mijoter environ 20 minutes jusqu'à ce que les canneberges soient cuites et que la sauce soit épaissie. Laisser refroidir et réduire en purée.

Mélange pour gâteau

500 ml (2 tasses) de farine

180 ml (3/4 tasse) de sucre

7 ml (1 1/2 c. à thé) de poudre à pâte

125 ml (1/2 tasse) de beurre (2e portion)

1 oeuf, battu

5 ml (1 c. à thé) de vanille

180 ml (3/4 tasse) de lait

500 ml (2 tasses) de sauce aux canneberges (voir recette)

Préchauffer le four à 180 °C (350 °F). Placer les ingrédients de la garniture dans un petit bol et mélanger à l'aide d'un malaxeur à pâtisserie jusqu'à ce que les ingrédients soient la grosseur de petits pois. Mettre de côté.

Placer la farine, le sucre et la poudre à pâte dans un grand bol. Y couper le beurre à l'aide d'un malaxeur à pâtisserie jusqu'à ce que le mélange soit granuleux. Dans un bol séparé, fouetter l'oeuf, la vanille et le lait. Ajouter au mélange de farine et mélanger jusqu'à ce que le tout soit humecté. Verser la moitié du mélange dans un moule à quiche graissé de 22,5 cm (9 po). Placer la sauce aux canneberges dans un bol et battre à la fourchette jusqu'à ce que la sauce soit lisse. Verser dans le moule et terminer avec le mélange à gâteau. Étendre avec une spatule pour éviter que la sauce ne bouge. Saupoudrer de garniture et cuire 20 minutes ou jusqu'à ce qu'un cure-dents inséré au centre du gâteau en ressorte propre. Donne 6 à 8 portions.

CRÊPES AUX CANNEBERGES ET AUX AMANDES

AUBERGE WHITMAN, KEMPT, N.-É.

L'auberge Whitman est située près du parc national Kejimkujik, véritable « trésor naturel ». À l'auberge, on sert aux invités un petit déjeuner copieux qui comprend souvent les baies de la région ainsi que du sirop d'érable pur.

500 ml (2 tasses) de farine

15 ml (1 c. à table) de poudre à pâte

2 ml (1/2 c. à thé) de sel

60 ml (1/4 tasse) de gros flocons d'avoine

2 oeufs, battus

425 ml (1 3/4 tasse) de lait

250 ml (1 tasse) de canneberges fraîches ou congelées

375 ml (1 1/2 tasse) de sucre

125 ml (1/2 tasse) d'amandes effilées

5 ml (1 c. à thé) de vanille

Sirop d'érable pur

Mélanger la farine, la poudre à pâte, le sel et l'avoine dans un grand bol à mélanger. Incorporer les oeufs et le lait. Mettre les canneberges, le sucre, les amandes et la vanille dans un mélangeur et hacher finement. Incorporer le mélange de canneberges au mélange à crêpes.

Verser 80 ml (1/3 tasse) de mélange dans un poêlon chaud. Cuire les crêpes jusqu'à ce que la surface bouillonne. Retourner et cuire de l'autre côté. Servir chaud avec du beurre et du sirop d'érable pur. Donne de 15 à 20 crêpes.

Les crêpes aux canneberges et aux amandes de l'auberge Whitman ▶ constituent un petit déjeuner nourrissant.

LAIT FRAPPÉ AUX CANNEBERGES, À L'ORANGE ET AUX BANANES

HÔTEL PRINCE EDWARD, CHARLOTTETOWN, Î.-P.-É.

Le chef Paul Paboudjian a créé cette boisson dans le but d'offrir une alternative rafraîchissante et faible en gras aux boissons alcoolisées servies lors des cocktails. Il nous indique que cette boisson délicieuse peut aussi servir de petit déjeuner rapide.

125 ml (1/2 tasse) de canneberges fraîches

125 ml (1/2 tasse) de jus d'orange fraîchement pressé

125 ml (1/2 tasse) de bananes tranchées

125 ml (1/2 tasse) de lait écrémé ou à faible teneur en gras

125 ml (1/2 tasse) de yaourt nature

125 ml (1/2 tasse) de crème glacée à la vanille à faible teneur en gras

Sucre (optionnel)

2 quartiers d'orange, 6 canneberges fraîches et 2 tranches de banane, pour garnir

Mettre les canneberges, le jus, les bananes tranchées, le lait, le yaourt et la crème glacée dans un mélangeur électrique et battre jusqu'à ce que le mélange soit lisse. Ajouter le sucre, si désiré, et verser dans des verres à parfait. Garnir d'une brochette de quartiers d'orange, de canneberges et d'épaisses tranches de banane. Donne 2 portions.

PAIN AUX CANNEBERGES ET À L'ANANAS

Parfois, il arrive qu'un petit déjeuner dure si longtemps qu'on se croirait à l'heure du brunch. Ce pain est tout désigné pour ceux et celles qui aiment savourer un petit quelque chose de sucré en sirotant un bon café.

180 ml (3/4 tasse) de sucre

45 ml (3 c. à table) de beurre

1 oeuf

500 ml (2 tasses) de farine

2 ml (1/2 c. à thé) de bicarbonate de soude

5 ml (1 c. à thé) de poudre à pâte

2 ml (1/2 c. à thé) de sel

180 ml (3/4 tasse) d'ananas broyé non égoutté

250 ml (1 tasse) de canneberges, hachées grossièrement

125 ml (1/2 tasse) d'amandes effilées

Préchauffer le four à 180 ºC (350 ºF). Crémer le sucre, le beurre et l'oeuf à l'aide d'un batteur à main électrique. Dans un bol séparé, tamiser la farine, la poudre à pâte, le bicarbonate de soude et le sel. Ajouter au mélange d'oeuf, en alternant avec l'ananas. Bien mélanger. Incorporer les canneberges et les amandes. Verser dans un moule à pain graissé de 22,5 x 13 cm (9 x 5 po). Cuire 60 minutes ou jusqu'à ce qu'un cure-dents inséré au centre en ressorte propre. Laisser refroidir 10 minutes dans le moule et renverser sur une grille métallique. Donne 1 pain.

Muffins aux canneberges du matin de Noël

AUBERGE HISTORIQUE KAULBACK HOUSE, LUNENBURG, N.-É.

L'arôme du sucre et des épices vous met l'eau à la bouche, spécialement lorsque Karen Padovani, de l'auberge historique Kaulback House, sort ces délicieux muffins du four.

250 ml (1 tasse) de canneberges

60 ml (1/4 tasse) de sucre

375 ml (1 1/2 tasse) de farine

60 ml (1/4 tasse) de sucre (2e portion)

10 ml (2 c. à thé) de poudre à pâte

3 ml (3/4 c. à thé) de sel

2 ml (1/2 c. à thé) de cannelle

1 ml (1/4 c. à thé) de piment de la Jamaïque

1 oeuf, battu

1 ml (1/4 c. à thé) de zeste d'orange râpé

180 ml (3/4 tasse) de jus d'orange

80 ml (1/3 tasse) de beurre, fondu

60 ml (1/4 tasse) de noix de Grenoble, hachées

Préchauffer le four à 190 ºC (375 ºF). Hacher les canneberges grossièrement, saupoudrer de sucre et mettre de côté.

Dans un bol de grandeur moyenne, mélanger la farine, la deuxième quantité de sucre, la poudre à pâte, le sel, la cannelle et le piment de la Jamaïque. Dans un bol séparé, mélanger l'oeuf, le zeste d'orange, le jus et le beurre fondu. Ajouter au mélange de farine et mélanger pour humecter. Ajouter le mélange de canneberges et les noix. Remplir aux trois quarts des moules à muffins graissés et cuire de 15 à 20 minutes jusqu'à ce que les muffins soient dorés. Donne 12 muffins de grosseur moyenne.

LES ENTRÉES, LES SOUPES ET LES ACCOMPAGNEMENTS

*C*ertaines personnes préfèrent la traditionnelle sauce aux canneberges étuvées alors que d'autres préfèrent les canneberges chaudes! Peu importe votre choix, vous trouverez dans cette section de quoi vous plaire.

◄ *La soupe froide aux canneberges et aux framboises, servie par le chef Peter Woodworth, du café et cuisine Libertine.*

SOUPE FROIDE AUX CANNEBERGES ET AUX FRAMBOISES

CAFÉ ET CUISINE LIBERTINE,
HALIFAX, N.-É.

Le chef Peter Woodworth marie la saveur des canneberges, des framboises et des pommes pour créer cette soupe froide au goût piquant. Les fruits frais ou congelés peuvent être utilisés dans cette recette.

500 ml (2 tasses) de canneberges

500 ml (2 tasses) de jus de pomme

250 ml (1 tasse) de framboises

15 ml (1 c. à table) de sucre

15 ml (1 c. à table) de jus de citron

1 ml (1/4 c. à thé) de cannelle

Yaourt nature ou crème sure pour garnir (optionnel)

Placer les canneberges, le jus de pomme, les framboises, le sucre, le jus de citron et la cannelle dans un mélangeur et réduire en purée. Verser dans des bols individuels et garnir d'une touche de yaourt ou de crème sure. Donne 4 portions.

RELISH AUX CANNEBERGES ET À L'OIGNON

AUBERGE INN ON THE LAKE,
WAVERLEY, N.-É.

Voici une relish facile à préparer et qui peut se conserver au réfrigérateur dans un pot fermé jusqu'à une semaine. Il s'agit d'un excellent accompagnement pour le poulet rôti ou la dinde.

60 ml (1/4 tasse) d'oignon, haché

1 petite gousse d'ail, émincée

250 ml (1 tasse) de canneberges entières

45 ml (3 c. à table) de sucre

15 ml (1 c. à table) d'eau

5 ml (1 c. à thé) de vinaigre de cidre

Vaporiser l'intérieur d'une casserole d'un enduit anti-adhésif et mettre à feu moyen-vif. Ajouter l'oignon et l'ail et faire sauter jusqu'à ce qu'ils soient tendres. Ajouter les canneberges, le sucre et l'eau et amener à ébullition. Cuire de 3 à 5 minutes ou jusqu'à ce que le mélange épaississe. Retirer du feu et incorporer le vinaigre. Réfrigérer dans un contenant bien scellé. Servir à la température de la pièce. Donne 250 ml (1 tasse).

CHUTNEY AUX CANNEBERGES DE L'AUBERGE TATTINGSTONE

AUBERGE TATTINGSTONE,
WOLFVILLE, N.-É.

L'aubergiste Betsey Harwood prépare ce chutney en utilisant une variété de fruits provenant de la vallée d'Annapolis. Ce chutney aux canneberges est un merveilleux accompagnement pour la dinde, servie à l'occasion des Fêtes.

2 L (8 tasses) de canneberges

4 à 5 gousses d'ail, émincées

250 ml (1 tasse) de raisins ou de cassis secs

750 ml (3 tasses) de cassonade pressée

7 ml (1 1/2 c. à thé) de gingembre moulu

5 ml (1 c. à thé) de moutarde sèche

7 ml (1 1/2 c. à thé) de cannelle

5 ml (1 c. à thé) de piments du Chili broyés

1,5 ml (1/3 c. à thé) de sel

250 ml (1 tasse) de vinaigre de cidre

Mélanger tous les ingrédients dans une grande casserole en acier inoxydable et amener lentement à ébullition. Cuire à découvert environ 30 minutes, en remuant à l'occasion, et réduire le feu lorsque le chutney commence à épaissir. Embouteiller dans des pots stérilisés pour utilisation immédiate. Stériliser dans une marmite d'eau bouillante pour conserver. Donne 1,5 L (6 tasses).

SAUCE AUX CANNEBERGES ULTIME

Je me sers de cette recette depuis plusieurs années et je ne me souviens plus de son origine. C'est la sauce aux canneberges la plus savoureuse que je connaisse.

500 ml (2 tasses) d'eau

Zeste d'une grosse orange

500 ml (2 tasses) de sucre

160 ml (2/3 tasse) de jus d'orange

15 ml (1 c. à table) de jus de citron

750 ml (3 tasses) de canneberges fraîches

15 ml (1 c. à table) de brandy ou de liqueur d'orange

Mettre l'eau, le sucre et le zeste dans une petite casserole. Couvrir, amener à ébullition, réduire le feu et laisser mijoter 30 minutes. Égoutter et mettre 180 ml (3/4 tasse) du liquide de cuisson et le zeste de côté.

Dans une grande marmite, mélanger le liquide de cuisson, le jus d'orange et le jus de citron. Amener à ébullition et remuant fréquemment. Ajouter les canneberges et le zeste. Faire bouillir à gros bouillons environ 5 minutes ou jusqu'à ce que les fruits éclatent, en remuant constamment. Retirer du feu et incorporer le brandy ou la liqueur d'orange. Donne 750 ml (3 tasses).

Pâté de campagne et compote aux canneberges

AUBERGE BLOMIDON, WOLFVILLE, N.-É.

Le chef Keith Bond sert cette compote élégante pour accompagner le pâté de campagne. Voilà une entrée à la fois rapide et facile à préparer. La compote peut aussi servir d'accompagnement pour le rôti de porc ou les plats de volaille.

250 ml (1 tasse) d'eau

500 ml (2 tasses) de sucre

500 ml (2 tasses) de canneberges

500 ml (2 tasses) de pommes hachées

200 g (8 oz) de pâté

Pointes de rôties ou craquelins assortis

Mettre l'eau et le sucre dans une grande casserole et remuer pour dissoudre le sucre. Amener à ébullition à feu moyen-vif, réduire le feu et laisser mijoter 5 minutes. Ajouter les canneberges et la pomme et faire bouillir à nouveau. Retirer du feu, laisser refroidir et réfrigérer.

Servir le pâté accompagné de canneberges, de pointes de rôties ou de craquelins. Donne 6 portions.

Une entrée à la fois simple et élégante : le pâté de campagne et la compote ▶ aux canneberges du chef de l'auberge Blomidon.

Brie en croustade et sauce aux canneberges

AUBERGE DE CAMPAGNE LITTLE SHEMOQUE, PORT ELGIN, N.-B.

L'aubergiste Petra Sudbrack, de l'auberge de campagne Little Shemoque, nous a fourni la recette de pâte feuilletée qu'elle utilise pour créer cette entrée délicieuse. La moitié d'un paquet de pâte feuilletée congelée convient tout aussi bien pour les cuisiniers moins expérimentés.

500 ml (2 tasses) de canneberges

250 ml (1 tasse) de sucre

125 ml (1/2 tasse) d'eau

Pâte feuilletée (voir recette)

500 g (1 lb) de fromage brie en rondelle, refroidi

1 oeuf, fouetté avec 15 ml (1 c. à table) d'eau

Pâte feuilletée

250 ml (1 tasse) de beurre froid

375 ml (1 1/2 tasse) de farine tamisée

1 ml (1/4 c. à thé) de sel

125 ml (1/2 tasse) d'eau froide

Mettre les canneberges, le sucre et l'eau dans une casserole et amener à ébullition à feu moyen. Réduire le feu et laisser mijoter environ 20 minutes ou jusqu'à ce que les canneberges soient cuites et que la sauce soit épaissie.

Rouler la pâte sur une surface légèrement enfarinée. En utilisant le brie comme guide, tailler un cercle d'environ 7,5 cm (3 po) plus grand que le fromage. Badigeonner les bords du mélange d'oeuf afin de sceller. Envelopper le fromage de pâte feuilletée et presser les bords. Le reste de la pâte feuilletée peut servir pour décorer le dessus du fromage. Faire refroidir le brie non couvert environ 30 minutes.

Préchauffer le four à 220 °C (425 °F). Mettre le brie sur une plaque à biscuits et faire cuire sur la grille du milieu de 20 à 25 minutes ou jusqu'à ce que la pâtisserie soit feuilletée et légèrement dorée et que le fromage soit fondu. Retirer du four et laisser refroidir sur la plaque environ 20 minutes. Servir accompagné de sauce aux canneberges.

Couper le beurre en 14 cubes et placer les morceaux dans le congélateur 30 minutes. Placer la farine et le sel dans un robot culinaire et mélanger. Ajouter le beurre et mélanger par petits coups, de 3 à 4 fois. Le mélange devrait contenir de gros morceaux de beurre. Mélanger 5 secondes tout en versant l'eau dans l'entonnoir et arrêter l'appareil. Verser le mélange sur une surface froide et légèrement enfarinée et façonner en boule. Applatir légèrement, envelopper d'une pellicule de plastique et faire refroidir au congélateur environ 10 minutes.

Rouler la pâte pour former un rectangle. Plier la pâte en trois sections, en repliant l'un des bouts vers le milieu et en repliant l'autre bout de la même manière. Répéter et faire refroidir la pâte à nouveau pendant 30 minutes. Rouler et plier la pâte tel que mentionné plus haut et envelopper d'une pellicule de plastique. Refroidir la pâte au moins 30 minutes ou jusqu'à trois jours avant de l'utiliser.

Une combinaison de couleurs : le brie en croustade et la sauce aux canneberges de ▶ l'auberge de campagne Little Shemoque, de Port Elgin au Nouveau-Brunswick.

Consommé de canneberges

AUBERGE DE CAMPAGNE JUBILEE COTTAGE, WALLACE, N.-É.

Une touche de crème fouettée et quelques tiges d'aneth garnissent cette soupe de couleur rubis qui peut être servie chaude ou froide, au goût du chef.

500 ml (2 tasses) de bouillon de poulet

1 bouteille de cocktail de canneberges de 1 kg (40 oz)

2 oignons verts, tranchés

1 orange, finement tranchée

4 clous de girofle entiers

Sel et poivre, au goût

125 ml (1/2 tasse) de crème à 35 %, fouettée

Aneth frais, haché ou quelques tiges de persil

6 bâtons de cannelle

125 ml (1/2 tasse) de canneberges fraîches

Mettre le bouillon, le jus, les oignons, deux tranches d'orange et le clous de girofle dans une grande marmite et amener à ébullition. Réduire le feu immédiatement et laisser mijoter 10 minutes. Verser la soupe dans une passoire, garnir selon votre goût et servir.

Pour une soupe chaude : verser la soupe dans les bols, ajouter quelques canneberges, une touche de crème fouettée et quelques pincées d'aneth haché ou de persil. Mélanger à l'aide d'un bâton de cannelle. Donne 6 portions.

Pour une soupe froide : couvrir la soupe et réfrigérer plusieurs heures. Remplir une poche à douilles de crème fouettée et former des rosettes sur une plaque à pâtisserie recouverte de papier aluminium. Mettre au congélateur. Au moment de servir, verser la soupe dans les bols, garnir de quelques fruits, de rosettes de crème fouettée et de quelques pincées d'aneth ou de persil. Donne 6 portions.

Les bâtonnets de cannelle ajoutent une touche spéciale au consommé de ▶
canneberges, servi chaud ou froid, de l'auberge de campagne Jubilee Cottage.

Chutney épicé aux canneberges et aux poires

1 L (4 tasses) de canneberges fraîches

250 ml (1 tasse) de raisins jaunes secs, sans pépins

410 ml (1 2/3 tasse) de sucre

15 ml (1 c. à table) de cannelle

7 ml (1 1/2 c. à thé) de gingembre moulu

1 ml (1/4 c. à thé) de clous de girofle moulus

250 ml (1 tasse) d'eau

1 oignon moyen, haché

2 poires moyennes, pelées et hachées

125 ml (1/2 tasse) de céleri, haché

125 ml (1/2 tasse) d'amandes effilées (optionnel)

Mettre les canneberges, les raisins, le sucre, la cannelle, le gingembre, les clous de girofle et l'eau dans une grande casserole et amener à ébullition. Réduire le feu et laisser cuire 15 minutes, en remuant à l'occasion. Ajouter l'oignon, les poires, le céleri et les amandes. Continuer la cuisson 15 minutes additionnelles ou jusqu'à ce que le mélange épaississe. Embouteiller dans des pots stérilisés et réfrigérer pour utilisation immédiate. Stériliser dans une marmite d'eau bouillante pour conserver. Donne 1,5 L (6 tasses).

L'aubergiste Darlene Peerless de la maison Wickwire marie la saveur des canneberges et des poires dans ce chutney épicé.

LES PLATS PRINCIPAUX

Dans cette section, nos chefs se sont surpassés et ils rivalisent d'originalité! Vous y trouverez une variété de plats principaux à base de fruits de mer, de volaille, de porc ou de venaison, tous agrémentés de canneberges.

◀ *On peut préparer les filets de porc de diverses façons : au café et bistro Sunshine on Main, situé à Antigonish en Nouvelle-Écosse, on les farcit d'oignon rouge et de confit de canneberges.*

FILET DE PORC FARCI À L'OIGNON ROUGE ET CONFIT DE CANNEBERGES

CAFÉ ET BISTRO SUNSHINE ON MAIN, ANTIGONISH, N.-É.

Le chef-propriétaire Mark Gabrieau suggère d'utiliser le confit de cette recette pour farcir les côtelettes de porc avant de les griller ou pour glacer les côtelettes de porc cuites.

250 ml (1 tasse) d'oignon rouge, en dés

7 ml (1 1/2 c. à thé) de beurre

15 ml (1 c. à table) de miel liquide

30 ml (2 c. à table) de vinaigre de vin rouge

30 ml (2 c. à table) de vin rouge

15 ml (1 c. à table) de grains de poivre noir, moulus

5 ml (1 c. à thé) de feuilles de thym fraîches émincées ou 1 pincée de thym séché

250 ml (1 tasse) de canneberges fraîches

2 filets de porc de 250 à 300 g (10 à 12 oz) chaque

30 ml (2 c. à table) d'huile d'olive extra vierge

Faire sauter les oignons dans le beurre jusqu'à ce qu'ils soient transparents. Ajouter le miel, le vinaigre, le vin, le poivre noir, le thym et les canneberges. Amener à ébullition, réduire le feu et laisser mijoter environ 15 minutes pour faire réduire le liquide. Mettre de côté et garder au chaud.

À l'aide d'un couteau tranchant, retirer toute trace de gras et de peau grisâtre recouvrant les filets. Couper chaque filet presque entièrement en deux moitiés dans le sens horizontal. Déposer à plat entre deux feuilles de papier ciré et aplatir la viande à l'aide d'un maillet jusqu'à 1,5 cm (1/2 po) d'épaisseur. Verser un peu de confit sur les filets et rouler comme pour un gâteau roulé. Attacher les rouleaux à l'aide d'une ficelle de boucher.

Préchauffer le four à 190 °C (375 °F). Faire dorer de chaque côté dans l'huile chaude et mettre dans un plat allant au four. Cuire environ 20 minutes, jusqu'à ce que la viande soit à peine rosée à l'intérieur. Trancher et servir sur un lit de confit. Donne 4 portions.

Filet de saumon poché, relish aux canneberges et au fenouil

CENTRE DE VILLÉGIATURE BRIARS, JACKSON'S POINT, ONT.

Au centre de villégiature Briars, le chef Trevor Ledlie présente ce saumon accompagné de pommes de terre bouillies et de pois mange-tout. La relish, ou salsa, offre des couleurs contrastantes à ce plat appétissant.

500 ml (2 tasses) de canneberges

60 ml (1/4 tasse) d'eau

500 ml (2 tasses) de la partie interne du fenouil, en dés

1 ml (1/4 c. à thé) de piment de la Jamaïque moulu

125 ml (1/2 tasse) de vin de riz japonais

15 ml (1 c. à table) d'oignon rouge, en dés

Jus d'une limette

2 ml (1/2 c. à thé) de piment jalapeno, haché

15 ml (1 c. à table) de coriandre hachée

Sel et poivre, au goût

4 filets de saumon, la peau et les arêtes retirées, de 150 g (6 oz) chaque

Faire cuire les canneberges dans l'eau environ 8 minutes, jusqu'à ce qu'elles éclatent et que le mélange épaississe. Laisser refroidir.

Retirer la couche extérieure du fenouil et couper la partie interne en dés. Mélanger les canneberges, le fenouil, le piment de la Jamaïque, le vin de riz, l'oignon, le jus de limette, le piment jalapeno et la coriandre dans un bol. Assaisonner de sel et de poivre et réfrigérer au moins 4 heures.

Faire pocher les filets de saumon dans un court-bouillon, en allouant 8 minutes pour chaque 2,5 cm (1 po) d'épaisseur. Au moment de servir, placer la relish sur l'assiette, y déposer le filet de saumon et entourer de légumes. Donne 4 portions.

Fettucini Annapolis

CAFÉ ET BISTRO SUNSHINE ON MAIN, ANTIGONISH, N.-É.

Le chef Mark Gabrieau fait d'abord sauter les pétoncles et le poulet avec les canneberges et le pistou avant de flamber à la vodka. Par la suite, il ajoute de la crème pour épaissir cette sauce qui accompagnera les pâtes. Vous pouvez vous procurer des pots de pistou dans la plupart des supermarchés ou facilement le préparer à la maison.

22 ml (1 1/2 c. à table) d'huile d'olive extra vierge

2 poitrines de poulet, désossées et sans peau, de 100 g (4 oz) chaque

125 g (1/4 lb) de pétoncles de baie

30 ml (2 c. à table) de tomates séchées conservées dans l'huile, hachées

30 ml (2 c. à table) de canneberges séchées

15 ml (1 c. à table) de pistou (voir recette)

5 ml (1 c. à thé) de grains de poivre vert, égouttés

30 ml (2 c. à table) de pomme, en dés

30 ml (2 c. à table) de vodka

30 ml (2 c. à table) de vin blanc

180 ml (3/4 tasse) de crème à 35 %

150 g (6 oz) de fettucini *al dente*

Sel et poivre du moulin, au goût

Fromage parmesan râpé, pour garnir

Persil haché, pour garnir

Faire chauffer l'huile à feu moyen-vif dans une grande poêle. Couper le poulet en petits morceaux et ajouter les pétoncles, les tomates, les canneberges, le pistou, la pomme et les grains de poivre vert. Faire sauter rapidement 1 minute. Assaisonner de sel et de poivre et flamber à la vodka. Ajouter le vin blanc, la crème et les pâtes. Laisser mijoter pour permettre à la sauce de recouvrir les pâtes légèrement. Répartir dans deux assiettes. Saupoudrer de parmesan et de persil. Donne 2 portions.

Pistou (recette de l'auteure)

60 ml (1/4 tasse) de pignons

500 ml (2 tasses) de basilic frais, lavé et paré (environ 3 bottes)

4 grandes tiges de persil, paré

2 à 3 gousses d'ail, émincées

60 ml (1/4 tasse) de fromage parmesan

2 ml (1/2 c. à thé) de poivre, fraîchement moulu

125 ml (1/2 tasse) d'huile d'olive extra vierge

Placer les pignons, le basilic, le persil, l'ail, le fromage et le poivre dans un robot culinaire équipé d'une lame métallique. Hacher finement. Lorsque l'appareil est en marche, ajouter l'huile en un mince filet. Mélanger quelques secondes supplémentaires. Ranger le reste du pistou dans un pot stérilisé et couvrir d'une fine couche d'huile d'olive. Couvrir hermétiquement. Le pistou peut se conserver au réfrigérateur jusqu'à deux mois et au congélateur jusqu'à un an. Donne 250 ml (1 tasse).

Une combinaison innovatrice : le fettucini Annapolis, créé par le chef Mark Gabrieau, ▶ du café et bistro Sunshine on Main.

COURONNE D'AGNEAU DU PRINTEMPS ET JUS DE CANNEBERGES SÉCHÉES
AUBERGE DE CAMPAGNE SHADOW LAWN, ROTHESAY, N.-B.

Le chef Patricia Bullock vous propose d'utiliser des carrés d'agneau congelés qui contiennent le moins de gras possible. Vous en trouverez dans la plupart des supermarchés.

4 carrés d'agneau du printemps de 325 à 350 g (7 à 8 oz) chaque

30 ml (2 c. à table) d'huile de canola

30 ml (2 c. à table) de beurre

1/2 oignon moyen, émincé

1 branche de céleri, émincée

500 ml (2 tasses) de cubes de pain

60 ml (1/4 tasse) d'abricots secs, en dés

60 ml (1/4 tasse) de canneberges séchées

1 pincée de clous de girofle moulus

2 ml (1/2 c. à thé) de romarin, émietté

1 petite pincée de thym séché

Sel et poivre fraîchement moulu, au goût

Jus de canneberges séchées (voir recette)
Chauffer l'huile dans une poêle à feu moyen-vif et y saisir les carrés d'agneau en retournant une fois. Mettre dans un plat de service et garder au chaud.

Faire fondre le beurre dans une poêle profonde et y faire sauter l'oignon et le céleri jusqu'à ce qu'ils soient transparents. Ajouter les cubes de pain, les abricots, les canneberges, les clous de girofle, le romarin et le thym. Bien mélanger. Assaisonner de sel et de poivre.

Préchauffer le four à 200 °C (400 °F). À l'aide d'un couteau très tranchant, pratiquer une incision dans la chair du carré d'agneau entre chaque côte. Mettre chaque côte debout comme dans la photo, de façon à former une couronne et attacher à l'aide d'une ficelle de boucher. Mettre sur une plaque à pâtisserie. Répéter le processus jusqu'à ce que vous obteniez quatre couronnes d'agneau. Remplir chaque couronne de farce. Faire rôtir l'agneau 15 minutes pour une viande médium, et 25 minutes pour une viande bien cuite. Au moment de servir, verser le jus de canneberges séchées dans chaque assiette. Retirer la ficelle qui attache la couronne et placer l'agneau au centre de l'assiette. Entourer de légumes. Donne 4 portions.

Jus de canneberges séchées

250 ml (1 tasse) de vin rouge sec (Carbernet Sauvignon ou Merlot, par exemple)

250 ml (1 tasse) de jus de canneberges

60 ml (1/4 tasse) de canneberges séchées

1 tige de romarin frais

500 ml (2 tasses) de bouillon de boeuf

15 ml (1 c. à table) de fécule de maïs, dissoute dans 22 ml (1 1/2 c. à table) d'eau

Sel et poivre, au goût

Placer les quatre premiers ingrédients dans une casserole et faire chauffer à feu moyen. Réduire jusqu'à ce que vous obteniez 125 ml (1/2 tasse) de liquide. Jeter le romarin. Ajouter le bouillon et laisser mijoter 15 minutes. Dissoudre la fécule de maïs et ajouter à la sauce. Laisser mijoter jusqu'à ce que la sauce soit claire et luisante. Assaisonner de sel et de poivre, si désiré.

Un plat qui saura impressionner vos convives : la couronne d'agneau du printemps, servie à l'auberge de campagne Shadow Lawn. ▶

Poulet rôti Galliano et sauce crémeuse aux canneberges

HÔTEL DUNDEE ARMS, CHARLOTTETOWN, Î.-P.-É.

Le chef Austin Clement fait flamber le poulet au Galliano, une liqueur au goût anisé, avant de le servir accompagné d'une sauce crémeuse aux canneberges.

60 ml (1/4 tasse) d'huile végétale

4 poitrines de poulet avec les os et la peau

Farine, pour recouvrir

45 ml (3 c. à table) de beurre

125 ml (1/2 tasse) de poireaux hachés

90 ml (6 c. à table) de Galliano

125 ml (1/2 tasse) de sauce aux canneberges

250 ml (1 tasse) de crème à 35 %

Préchauffer le four à 190 °C (375 °F). Faire chauffer l'huile dans un plat en métal allant au four à feu moyen-vif. Enrober le poulet de farine et faire saisir de 1 à 2 minutes chaque côté. Mettre au four et cuire de 15 à 20 minutes, jusqu'à ce que le poulet soit cuit et que le jus de cuisson soit clair. Déposer le poulet dans une assiette chaude, recouvrir de papier aluminium et laisser reposer.

Placer le plat en métal sur la cuisinière et y faire fondre le beurre à feu moyen-vif en grattant le fond pour en retirer les morceaux qui y sont attachés. Ajouter les poireaux et faire sauter 3 minutes, en remuant constamment. Retirer du feu, incorporer le Galliano et flamber. Ajouter la sauce aux canneberges et la crème, remettre sur le feu et laisser mijoter pour permettre à la sauce de réduire et d'épaissir. Au moment de servir, déposer le poulet sur des assiettes et napper de sauce aux canneberges.

Poulet rôti Galliano et sauce crémeuse aux canneberges de l'hôtel ▶ Dundee Arms, à Charlottetown, Île-du-Prince-Édouard.

Salade de poitrine de canard et vinaigrette chaude

SALLE À MANGER LA MAISON, HALIFAX, N.-É.

*Le chef Karl-Heinz Szielasko accompagne le canard braisé d'une salade composée,
arrosée d'une vinaigrette chaude.*

125 ml (1/2 tasse) de vin rouge

60 ml (1/4 tasse) de brandy

30 ml (2 c. à table) de miel liquide

2 ml (1/2 c. à thé) d'ail émincé

1 ml (1/4 c. à thé) de gingembre frais émincé

5 ml (1 c. à thé) de sauce Worcestershire

60 ml (1/4 tasse) d'huile d'olive

60 ml (1/4 tasse) de canneberges séchées, hachées

1 pincée de cannelle

1 pincée de piment de la Jamaïque moulu

4 poitrines de canard de 100 g (4 oz) chaque

30 ml (2 c. à table) d'huile d'olive

Salade composée pour quatre personnes

12 tomates cerises

1 carotte, en julienne

1/2 petite courgette, en julienne

1/2 concombre anglais, finement tranché

4 champignons, tranchés

12 à 16 canneberges, pour garnir

Dans un grand bol, mélanger le vin, le brandy, le miel, l'ail, le gingembre, la sauce Worchestershire, l'huile, les canneberges séchées, la cannelle et le piment de la Jamaïque. Placer le canard dans la marinade et réfrigérer toute la nuit.

Préchauffer le four à 200 ºC (400 ºF). Verser l'huile dans un plat allant au four et faire chauffer à feu moyen-vif. Y faire saisir le canard. Retourner une fois. Retirer du feu, ajouter la marinade et couvrir. Cuire environ 15 minutes jusqu'à ce que la marinade bouillonne et que le canard soit cuit.

Pendant la cuisson du canard, disposer la salade composée et les légumes dans quatre assiettes à salade. Retirer le canard du plat et le tailler en fines tranches. Déposer sur la salade et arroser de vinaigrette chaude. Garnir chaque assiette de trois ou quatre canneberges fraîches que vous aurez pressées jusqu'à ce qu'elles ouvrent légèrement. Donne 4 portions.

*La salade de poitrine de canard accompagnée de légumes variés, telle que servie ▶
à la salle à manger La Maison, située à Halifax en Nouvelle-Écosse.*

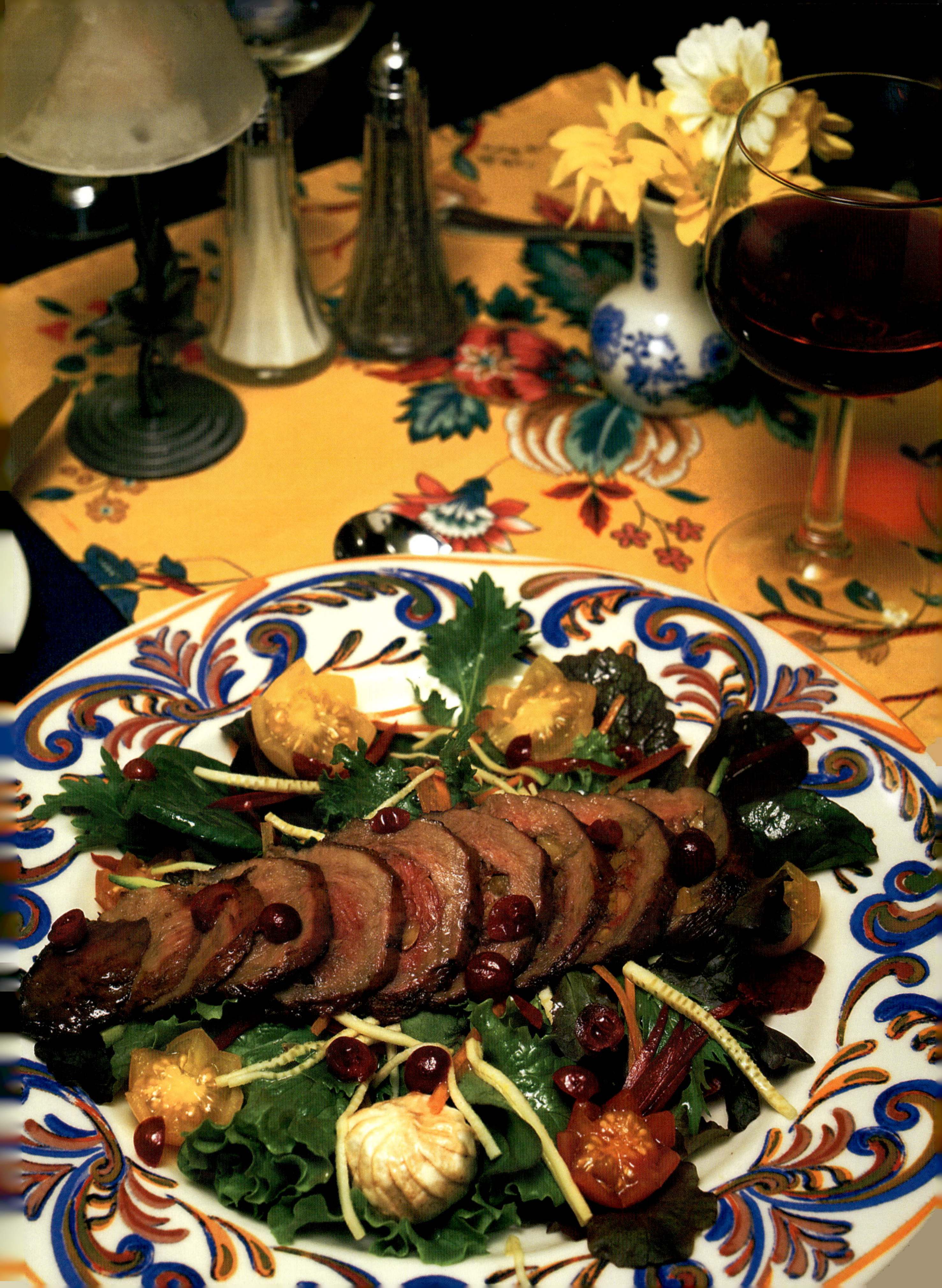

LES CANNEBERGES

VENAISON GRILLÉE ET CHUTNEY AUX CANNEBERGES

AUBERGE INN AT BAY FORTUNE, BAY FORTUNE, Î.-P.-É.

Le chef Michael Smith sert ce plat accompagné de mille-feuille aux carottes et d'un jus aux échalottes et à la vanille. Vous pouvez regarder le chef Smith sur la chaîne télévisée Life Channel. Son émission culinaire hebdomadaire s'intitule Inn Chef.

250 ml (1 tasse) de Carbernet Sauvignon ou tout autre vin rouge sec

2 gousses d'ail, émincées finement

15 ml (1 c. à table) de moutarde de Dijon

30 ml (2 c. à table) d'huile d'olive extra vierge

2 ml (1/2 c. à thé) de piment de la Jamaïque moulu

2 ml (1/2 c. à thé) de poivre noir fraîchement moulu

5 ml (1 c. à thé) de sel

1 rôti de venaison de 750g à 1 kg (1 1/2 à 2 lb)

Chutney aux canneberges (voir recette)

Tiges de romarin, pour garnir

Placer le vin dans une casserole et amener à ébullition. Réduire le feu et laisser mijoter pour réduire le liquide à 30 ml (2 c. à table). Laisser refroidir. Fouetter le vin, l'ail, la moutarde, le piment de la Jamaïque, le poivre et le sel pour former une marinade. Couvrir le rôti de venaison de marinade et réfrigérer 12 heures pour permettre aux saveurs de parfumer la viande.

Préchauffer le four à 180 °C (350 °F). Mettre la viande sur une rôtissoire et cuire de 30 à 45 minutes pour obtenir une cuisson médium saignant. Retirer du four, couvrir et laisser reposer 15 minutes dans un endroit chaud. Trancher la venaison et déposer dans les assiettes. Garnir de chutney aux canneberges et d'une tige de romarin. Donne 4 portions.

Chutney aux canneberges

500 ml (2 tasses) de canneberges

1 gros oignon rouge, émincé

2 gousses d'ail, émincées

125 ml (1/2 tasse) de sucre

125 ml (1/2 tasse) de vinaigre de vin rouge

2 ml (1/2 c. à thé) de gingembre moulu

2 ml (1/2 c. à thé) de piment de la Jamaïque moulu

5 ml (1 c. à thé) de sel

5 ml (1 c. à thé) de sauce Tabasco

Placer tous les ingrédients dans une casserole à fond épais et faire mijoter. Réduire le feu et laisser cuire, en remuant fréquemment, jusqu'à ce que le mélange épaississe.

La venaison grillée : une création du chef Michael Smith, de l'auberge Inn at Bay Fortune. ▶

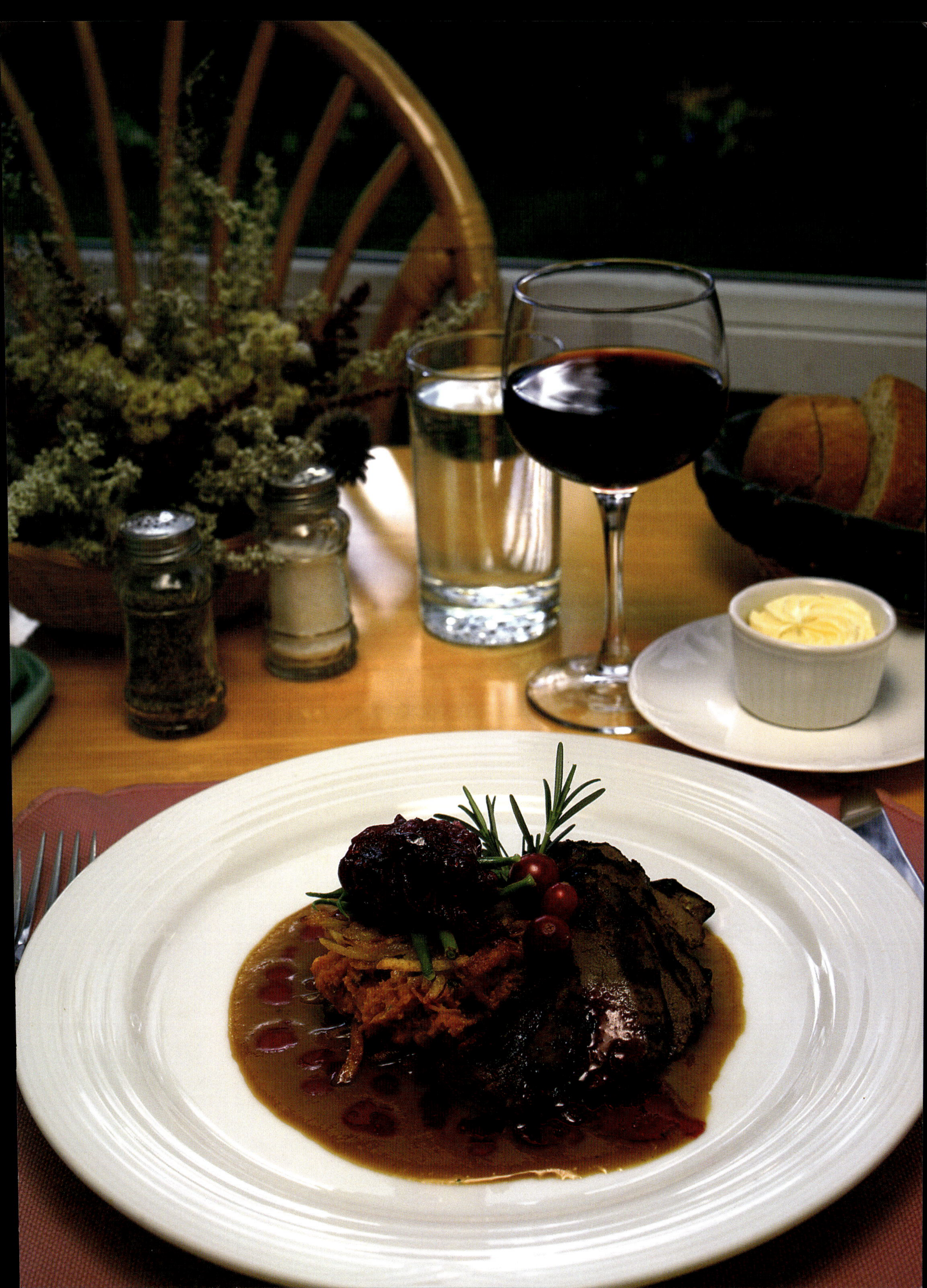

POITRINES DE POULET FARCIES AUX POIRES ET AU FROMAGE, CRÈME AUX CANNEBERGES SÉCHÉES ET AU BRANDY

AUBERGE WHITMAN, KEMPT, N.-É.

Le chef John Theiss sait reconnaître de façon intuitive la complémentarité des fines herbes. Cette recette consitue un bon exemple des délices épicuriens qui vous attendent à l'auberge.

4 poitrines de poulet, désossées et sans peau

Sel et poivre, au goût

5 ml (1 c. à thé) de persil haché

2 ml (1/2 c. à thé) de romarin haché

50 g (2 oz) de fromage gruyère fumé

50 g (2 oz) de fromage emmenthal

50 g (2 oz) de fromage cheddar moyen

1 poire bien mûre

Farine, pour recouvrir

30 ml (2 c. à table) de beurre

30 ml (2 c. à table) d'huile végétale

125 ml (1/2 tasse) d'oignon, haché

1 grosse gousse d'ail, émincée

125 ml (1/2 tasse) de champignons Portobello ou de jeunes champignons de couche, hachés

1 ml (1/4 c. à thé) de thym

125 ml (1/2 tasse) de Chablis

125 ml (1/2 tasse) de bouillon de poulet

1 feuille de laurier

180 ml (3/4 tasse) de canneberges séchées

125 ml (1/2 tasse) de crème à 35 %

30 ml (2 c. à table) de brandy (optionnel)

Canneberges fraîches, pour garnir

Tiges de persil, pour garnir

Aplatir les poitrines de poulet entre deux pellicules de plastique jusqu'à 2 à 2,5 cm (3/4 à 1 po) d'épaisseur. Assaisonner de sel, de poivre, de persil et de romarin. Couper le fromage en morceaux de 1 x 2 cm (1/2 x 1 po). Couper la poire en huit morceaux de 0,5 x 2,5 cm (1/4 x 1 po). Placer deux morceaux de poire et un morceau de chaque fromage au centre de chaque poitrine de poulet. Rouler les poitrines délicatement et attacher à l'aide de cure-dents. Recouvrir de farine et secouer pour enlever tout surplus. Faire dorer dans le beurre et l'huile à feu moyen. Mettre dans un plat allant au four et garder chaud. Ne garder que 15 ml (1 c. à table) d'huile et jeter le reste.

Faire sauter l'oignon et l'ail de 2 à 3 minutes dans l'huile. Ajouter les champignons et faire sauter 5 minutes additionnelles. Assaisonner de thym et déglacer avec le Chablis. Ajouter le bouillon de poulet, la feuille de laurier et les canneberges. Amener à ébullition et réduire de moitié jusqu'à ce que la sauce soit très épaisse et que les canneberges soient réhydratées sans être trop pâteuses. Saler et poivrer au goût. Incorporer la crème et faire réduire pour épaissir. Retirer du feu et ajouter le brandy, si désiré.

Préchauffer le four à 180 °C (350 °F). Napper les poitrines de sauce, couvrir et cuire 15 minutes dans un plat allant au four. Retirer le couvercle et cuire de 10 à 15 minutes additionnelles ou jusqu'à ce que le poulet soit cuit. Garnir de quelques canneberges fraîches et de tiges de persil. Donne 4 portions.

Poitrines de poulet farcies aux poires et au fromage, crème aux canneberges séchées et au brandy de l'auberge Whitman de Kempt, en Nouvelle-Écosse. ▶

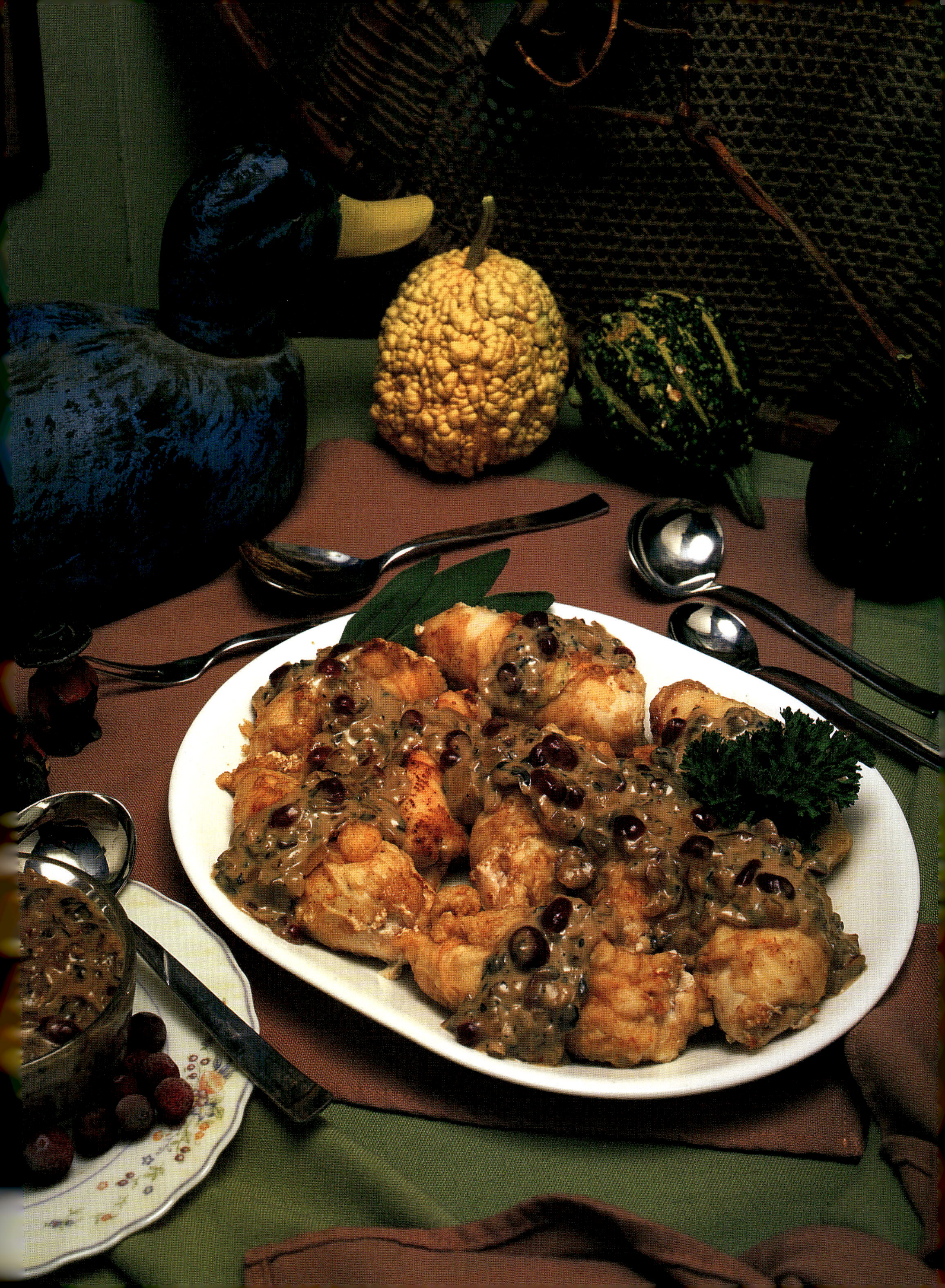

Poitrines de faisan rôties dans un jus de canneberges séchées

AUBERGE HALLIBURTON HOUSE, HALIFAX, N.-É.

Le menu varié du chef Scott Vail, de l'auberge Halliburton, inclut plusieurs choix de gibier. Voici un plat au goût subtil, sûr de plaire aux palais les plus fins.

4 poitrines de faisan, désossées

5 ml (1 c. à thé) de romarin frais, finement haché

5 ml (1 c. à thé) d'huile d'olive extra vierge

2 feuilles de laurier

2 ml (1/2 c. à thé) de poivre noir fraîchement moulu

1 ml (1/4 c. à thé) de sel

60 ml (4 c. à table) de beurre, divisé en trois portions

2 échalottes, en petits cubes

80 ml (1/3 tasse) de canneberges séchées

5 ml (1 c. à thé) de vinaigre balsamique

30 ml (2 c. à table) de porto blanc

500 ml (2 tasses) de bouillon de faisan ou de poulet

Rincer et assécher les poitrines de faisan. Dans un plat peu profond, mélanger le romarin, l'huile d'olive, les feuilles de laurier et le poivre noir. Rouler les poitrines dans le mélange, couvrir et réfrigérer 4 heures.

Préchauffer le four à 160 °C (325 °F). Faire fondre 15 ml (1 c. à table) de beurre dans une poêle et y faire dorer les poitrines. Retourner une fois. Mettre la viande dans une plat allant au four et cuire de 12 à 15 minutes, jusque la viande devienne rosée.

Pendant la cuisson du faisan, faire sauter les échalottes dans 15 ml (1 c. à table) de beurre environ 5 minutes, jusqu'à ce que les échalottes soient tendres. Ajouter les canneberges et faire sauter 1 minute additionnelle. Déglacer la poêle avec le vinaigre balsamique et le porto et réduire jusqu'à ce que le liquide soit complètement évaporé. Incorporer le bouillon et amener à pleine ébullition. Réduire le feu et laisser réduire le liquide légèrement. Retirer le feu et incorporer le reste du beurre. Servir les poitrines nappées du jus de canneberges. Donne 4 portions.

Les poitrines de faisan rôties dans un jus de canneberges séchées, ▶ présentées par le chef de l'auberge Halliburton House.

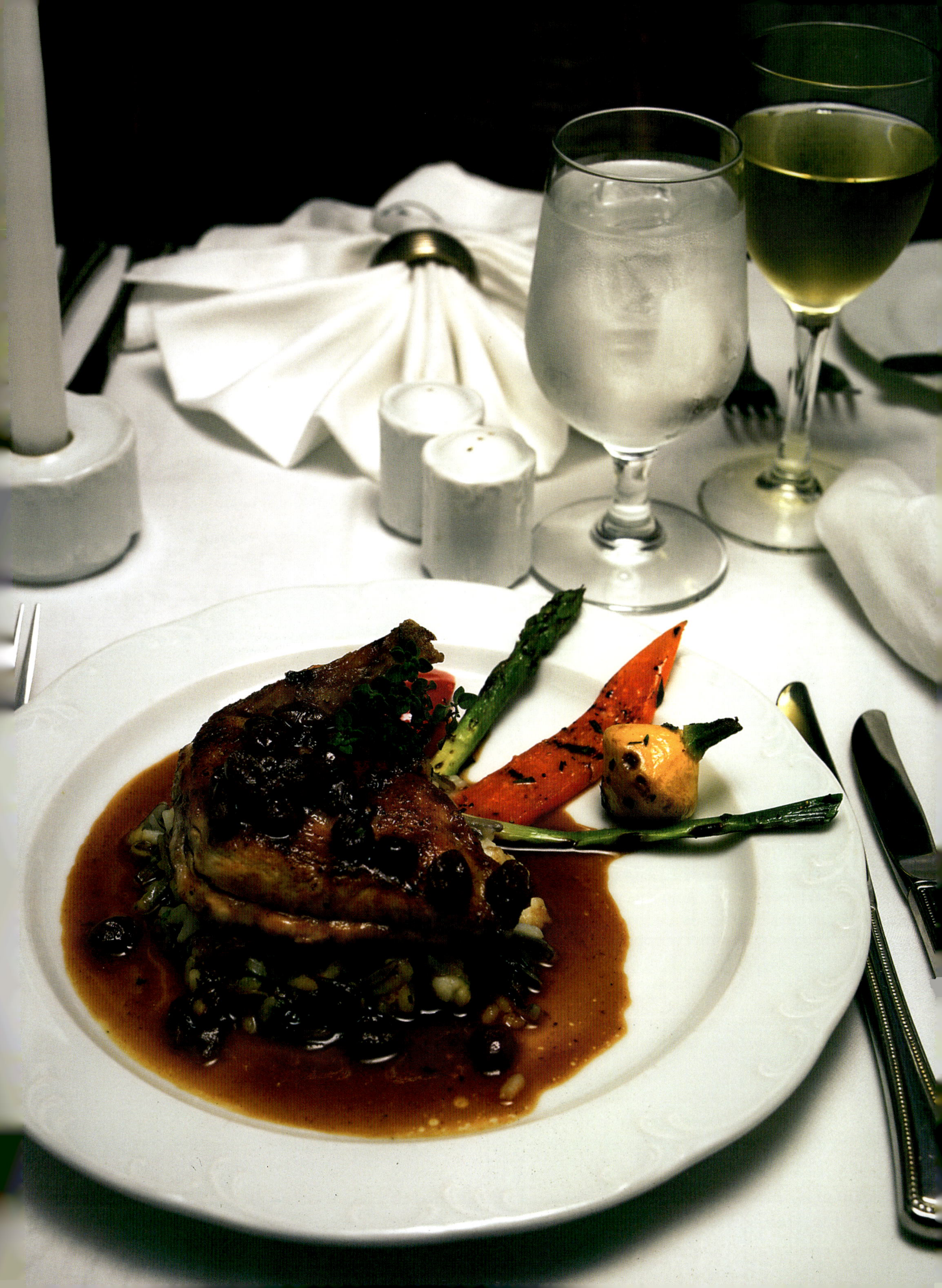

Poulet glacé aux canneberges de Seasons

RESTAURANT SEASONS IN THYME, SUMMERSIDE, Î.-P.-É.

Voici probablement l'une des recettes au poulet les plus savoureuses. Vous pouvez choisir n'importe quel légume ou des pommes de terre pour accompagner ce poulet mais le chef Stephan Czapalay vous suggère des légumes au goût moyennement prononcé. Pourquoi ne pas essayer des carottes sautées au basilic, des artichauts de Jérusalem ou encore des épinards sautés? Pour ce qui est des pommes de terre, il nous recommande la cuisson au four. Des pommes de terre rôties ou encore des pommes de terre nouvelles, aux fines herbes, par exemple.

4 poitrines de poulet, avec la peau et les os

12 feuilles de sauge ou de basilic frais

Sel et poivre, au goût

45 ml (3 c. à table) d'huile d'olive

Glace aux canneberges Seasons (voir recette)

Rincer et assécher les poitrines de poulet. Soulever la peau et déposer trois ou quatre fines herbes entre la peau et la chair du poulet. Assaisonner les poitrines de sel et de poivre.

Préchauffer le four à 180 °C (350 °F). Faire chauffer l'huile dans une poêle, à feu vif. Déposer les poitrines délicatement, côté peau en-dessous et faire sauter de 3 à 5 minutes ou jusqu'à ce que la peau soit dorée. Retourner les poitrines et faire sauter 3 minutes additionnelles. Retirer du feu et continuer la cuisson au four de 10 à 15 minutes. Laisser reposer de 4 à 6 minutes avant de découper le poulet. Arroser de glace aux canneberges Seasons. Donne 4 portions.

Glace aux canneberges Seasons

7 ml (1/2 c. à table) d'huile d'olive

60 ml (1/4 tasse) de canneberges entières

15 ml (1 c. à table) d'échalottes, hachées finement

7,5 ml (1/2 c. à table) de zeste d'orange finement haché

60 ml (1/4 tasse) de vin blanc

500 ml (2 tasses) de bouillon de poulet

15 ml (1 c. à table) de beurre non salé

Sel et poivre, au goût

Mettre l'huile dans une petite casserole et faire chauffer à feu moyen-vif. Ajouter les échalottes et faire sauter environ 1 1/2 minute. Attention de ne pas trop faire dorer. Ajouter le zeste, les canneberges et le vin blanc. Réduire de moitié. Ajouter le bouillon de poulet et réduire des deux tiers. Incorporer le beurre à l'aide d'un petit fouet. Saler et poivrer.

Le chef Stephan Czapalay sert ce poulet glacé aux canneberges au restaurant ▶
Seasons in Thyme.

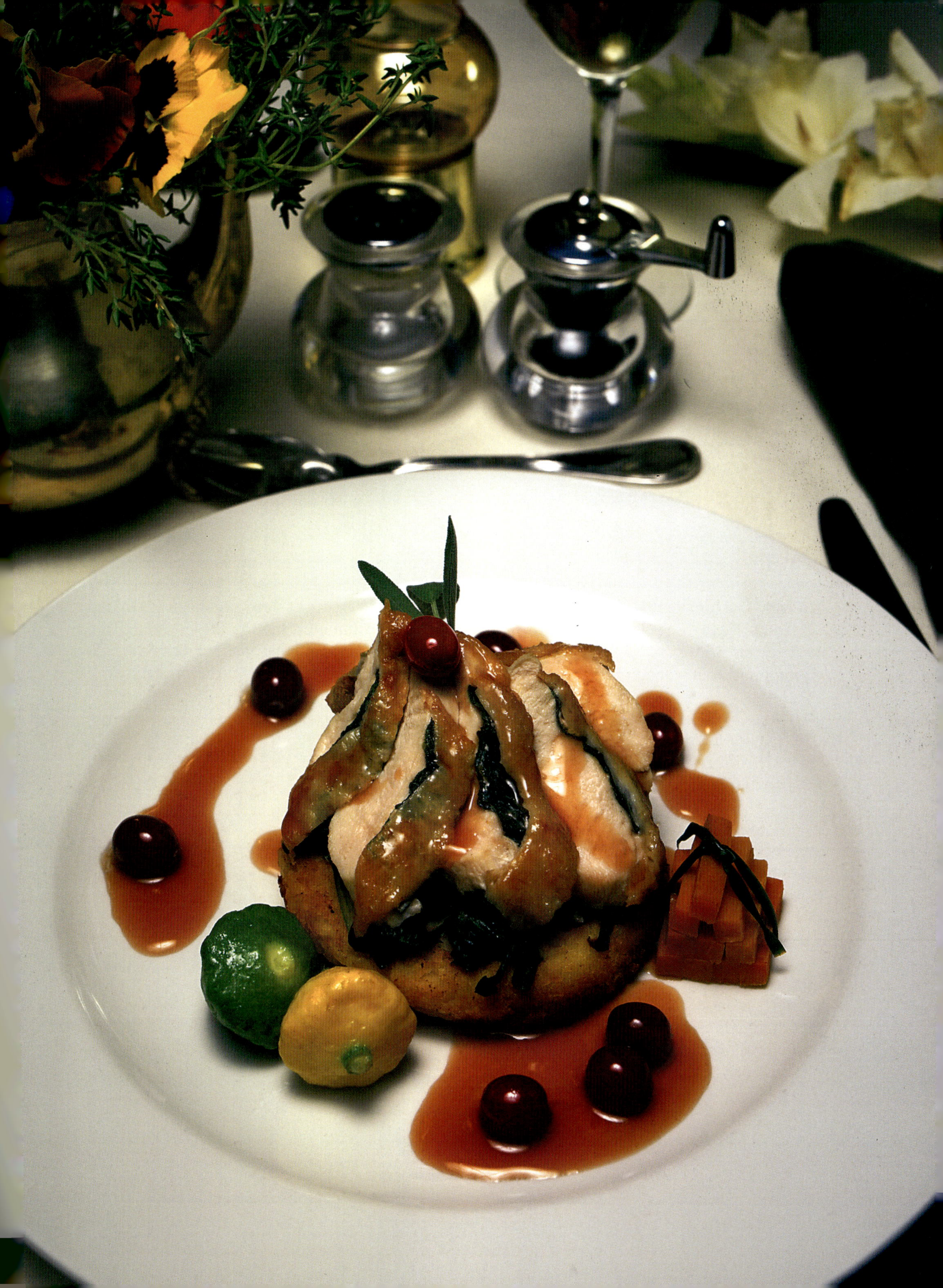

Filet de porc aux fines herbes et compote de canneberges

AUBERGE BLOMIDON, WOLFVILLE, N.-É.

Keith Bond, chef de l'auberge Blomidon, reconnaît les qualités variées de la canneberge. Dans ce plat au porc, il crée un équilibre entre la saveur acidulée des cannerberges et le goût sucré des pommes de la vallée. Pour accompagner le porc, il sert des pommes de terre rôties et un mélange de légumes de couleurs variées.

1 filet de porc de 400 à 450 g (16 à 18 oz)

30 ml (2 c. à table) de moutarde de Dijon

10 ml (2 c. à thé) de miel liquide

60 ml (1/4 tasse) de chapelure

1 ml (1/4 c. à thé) de poivre noir fraîchement moulu

1 ml (1/4 c. à thé) de sel

10 ml (2 c. à thé) de fines herbes hachées (romarin, thym, oregan, par exemple)

Compote de canneberges (voir recette)

Compote de canneberges

250 ml (1 tasse) d'eau

500 ml (2 tasses) de sucre

500 ml (2 tasses) de canneberges

500 ml (2 tasses) de pommes hachées

Mélanger le sucre et l'eau dans une grande casserole, jusqu'à ce que le sucre soit dissout. Amener à ébullition, réduire le feu et laisser mijoter 5 minutes. Incorporer les canneberges et les pommes et faire bouillir à nouveau. Retirer du feu, laisser refroidir et réfrigérer.

Préchauffer le four à 160 °C (325 °F). Enlever tout excès de gras, les tissus ainsi que la peau grisâtre qui pourraient recouvrir le filet. Dans un petit bol, mélanger la moutarde et le miel et recouvrir le filet. Dans un bol séparé, mélanger la chapelure, le poivre, le sel et les fines herbes. Recouvrir le filet du mélange de fines herbes et placer sur la grille d'une rôtissoire. Cuire environ 45 minutes, jusqu'à ce que le filet soit bien rôti et légèrement rosé à l'intérieur. Mettre le rôti dans un plat de service chaud et laisser reposer quelques minutes avant de le tailler en médaillons. Servir avec la compote de canneberges. Donne 4 portions.

Le filet de porc aux fines herbes est servi dans la salle à manger de l'auberge Blomidon, ▶ située à Wolfville en Nouvelle-Écosse.

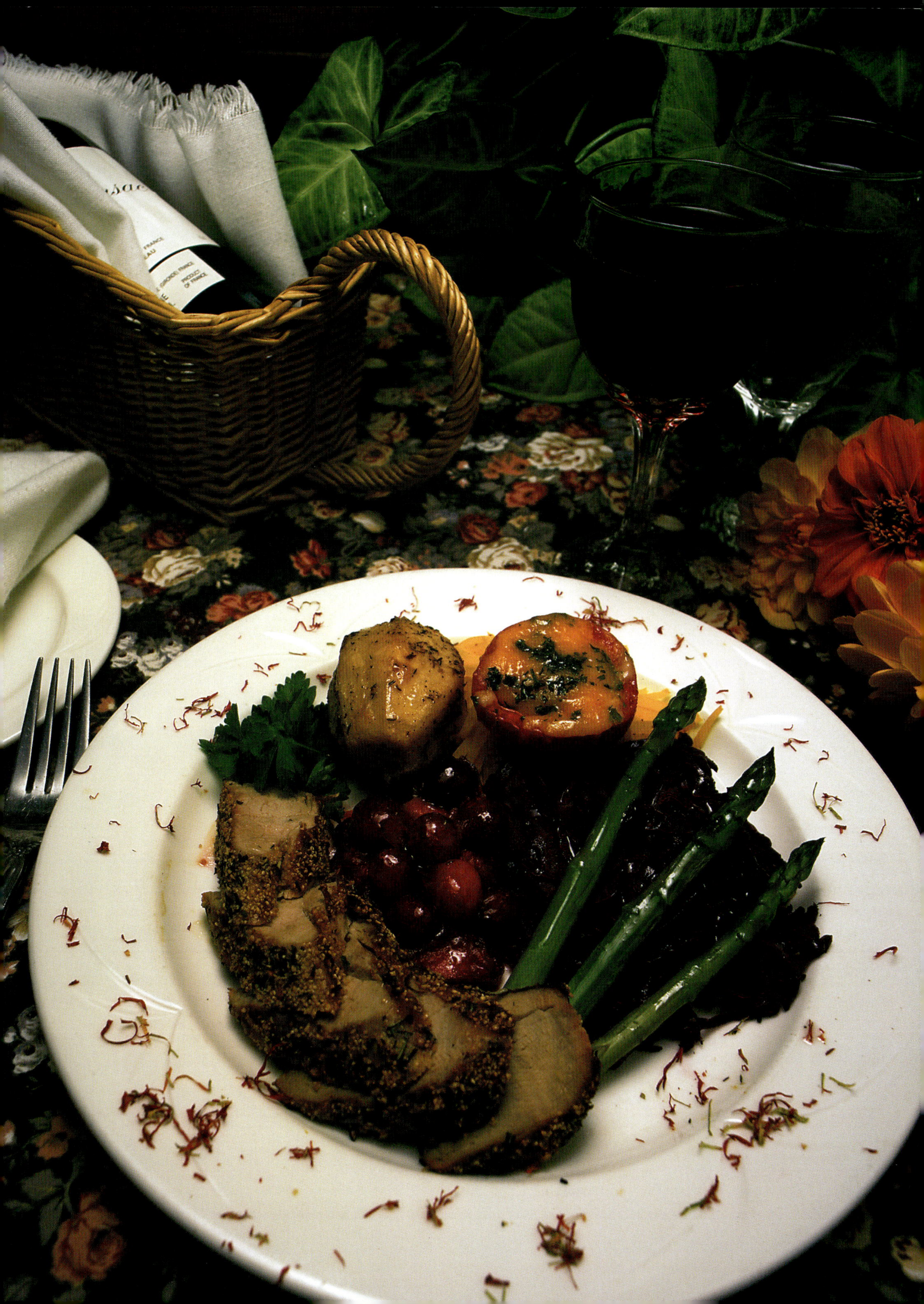

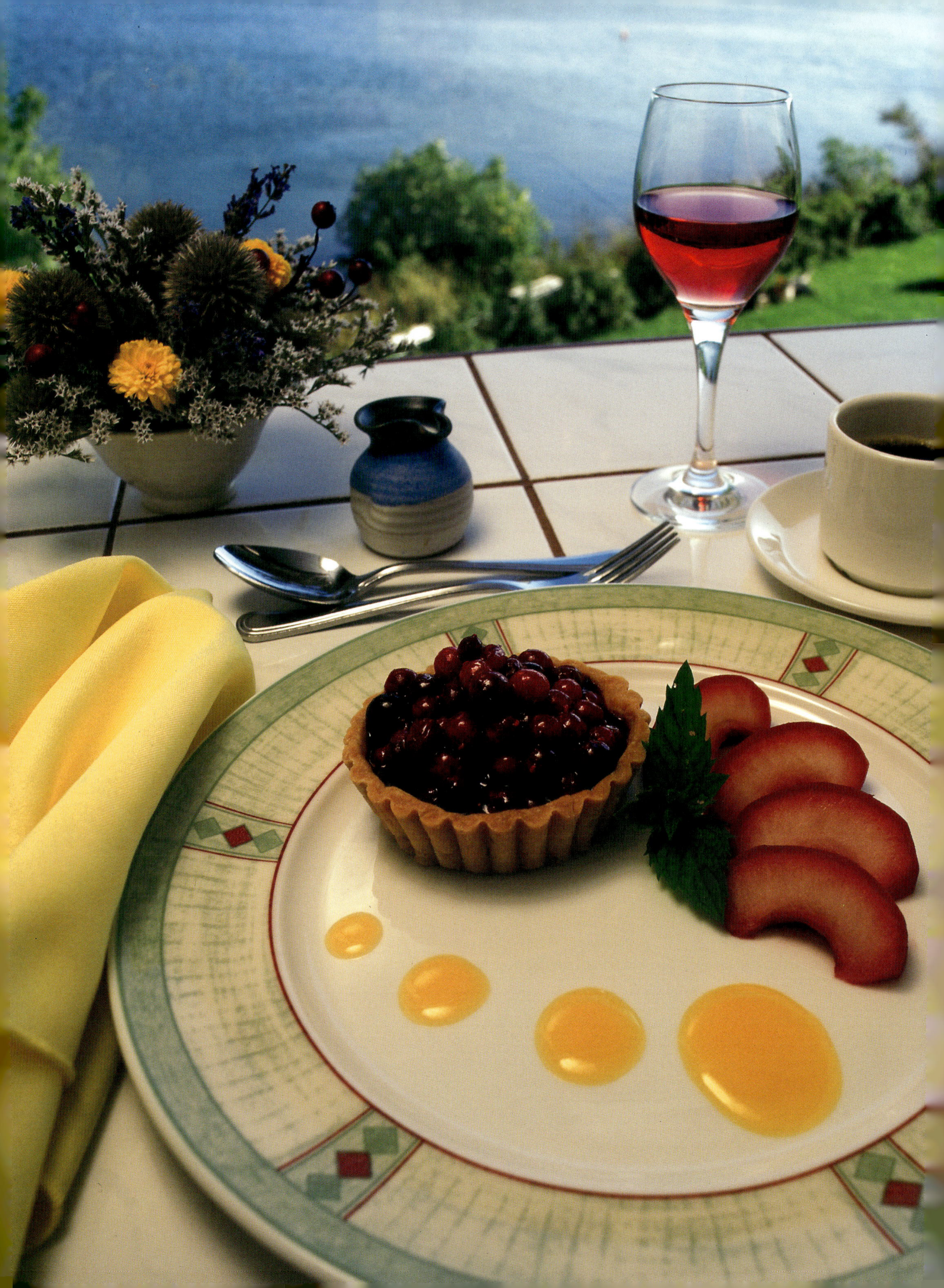

LES CANNEBERGES

LES DESSERTS

*L*a canneberge est un fruit aux qualités variées et, tout comme la fraise et le bleuet, elle incite les chefs à faire preuve de créativité. Les desserts que nous présentons dans cette section n'ont rien à envier aux desserts que vous trouverez dans les meilleurs restaurants et auberges.

◀ *La tartelette aux noisettes garnie de canneberges : une création du chef Whitney Armstrong, du restaurant Catherine McKinnon's Spot O' Tea.*

Tartelette aux noisettes garnie de canneberges

RESTAURANT CATHERINE MCKINNON'S SPOT O' TEA, STANLEY BRIDGE, Î.-P.-É.

Ces tartelettes, créées par le chef-pâtissier Whitney Armstrong, peuvent être préparées en utilisant des canneberges fraîches ou congelées. Sur la photo, le chef accompagne ces tartelettes de tranches de pommes pochées

125 ml (1/2 tasse) de beurre

60 ml (1/4 tasse) de sucre

1 petit oeuf

250 ml (1 tasse) de farine

30 ml (2 c. à table) de noisettes moulues

Sauce à l'orange et au Grand Marnier (voir recette)

Garniture aux canneberges (voir recette)

Crémer le beurre et le sucre jusqu'à ce que le mélange soit mousseux. Ajouter l'oeuf, la farine et les noisettes et continuer de battre jusqu'à ce que le tout soit bien mélangé. Réfrigérer 30 minutes. Rouler la pâte sur une surface légèrement enfarinée et tailler huit rondelles pour tapisser des moules à tartelettes de 7,5 cm (3 po). Réfrigérer 30 minutes.

Préchauffer le four à 190 °C (375 °F) et cuire environ 12 minutes, jusqu'à ce que les tartelettes soient fermes et d'une couleur légèrement dorée. Retirer du four, laisser refroidir et démouler.

Au moment de servir, remplir les tartelettes de garniture aux canneberges et mettre de côté. Verser la sauce à l'orange et au Grand Marnier dans des assiettes individuelles et placer les tartelettes au centre. Donne 8 portions.

Sauce à l'orange et au Grand Marnier

7 ml (1/2 c. à table) de fécule de maïs

15 ml (1 c. à table) de sucre

125 ml (1/2 tasse) de jus d'orange

30 ml (2 c. à table) de Grand Marnier

Mettre la fécule de maïs et le sucre dans une petite casserole. Ajouter le jus d'orange et amener à ébullition. Réduire le feu et laisser mijoter, en remuant constamment jusqu'à ce que la sauce épaississe. Retirer du feu et incorporer le Grand Marnier. Laisser refroidir à la température de la pièce.

Garniture aux canneberges

750 ml (3 tasses) de canneberges fraîches ou congelées

125 ml (1/2 tasse) de framboises

250 ml (1 tasse) de sucre

250 ml (1 tasse) de gelée de canneberges

Zeste d'une orange, finement râpé

15 ml (1 c. à table) de gélatine, dissoute dans 45 ml (3 c. à table) d'eau froide

Mettre les canneberges, les framboises, le sucre, la gelée et le zeste dans une grande casserole et cuire à feu moyen-vif jusqu'à ce que les canneberges soient tendres et que le sucre soit dissout. Retirer du feu et incorporer la gélatine dissoute. Faire chauffer à nouveau jusqu'à ce que la gélatine soit complètement incorporée. Verser dans un bol et réfrigérer.

LES DESSERTS

POUDING VAPEUR AUX CANNEBERGES ET SAUCE AU CARAMEL ÉCOSSAIS

GÎTE DU PASSANT MURRAY MANOR, YARMOUTH, N.-É.

L'aubergiste Joan Semple a obtenu cette délicieuse recette lors d'un séjour au Colorado. Au moment de servir, elle fait chauffer le pudding à nouveau dans le micro-ondes et le sert nappé d'une sauce chaude au caramel écossais.

125 ml (1/2 tasse) de mélasse

10 ml (2 c. à thé) de bicarbonate de soude

125 ml (1/2 tasse) d'eau chaude

250 ml (1 tasse) de canneberges entières fraîches

330 ml (1 1/3 tasse) de farine

5 ml (1 c. à thé) de poudre à pâte

Sauce au caramel écossais (voir recette)

Mettre la mélasse et le bicarbonate de soude dans un bol à mélanger. Bien battre. Ajouter l'eau chaude lentement. Tamiser la farine et la poudre à pâte et incorporer au mélange de mélasse pour obtenir une pâte. Y plier les canneberges et verser dans un moule à pouding vapeur graissé. Couvrir et laisser cuire à la vapeur 2 1/2 heures. Au moment de servir, faire réchauffer le pudding et napper de sauce chaude au caramel écossais.

Sauce au caramel écossais

125 ml (1/2 tasse) de beurre

125 ml (1/2 tasse) de crème à 10 %

250 ml (1 tasse) de cassonade

5 ml (1 c. à thé) de vanille

Mélanger tous les ingrédients dans une casserole et amener à ébullition. Réduire le feu et laisser mijoter 5 minutes. Servir chaud. Donne 300 ml (1 1/4 tasse).

Gâteau aux canneberges et aux carottes Peerless

MAISON WICKWIRE, KENTVILLE, N.-É.

Cette recette, après avoir subi plusieurs variations, a été perfectionnée par l'aubergiste Darlene Peerless. Je suis certaine qu'elle deviendra votre recette préférée de gâteau aux carottes.

1 L (4 tasses) de carottes râpées

500 ml (2 tasses) de sucre

250 ml (1 tasse) de beurre, coupé en morceaux

1 boîte d'ananas broyés, dans leur jus, de 350 g (14 oz)

750 ml (3 tasses) de farine

2 ml (1/2 c. à thé) de poudre à pâte à double-action

10 ml (2 c. à thé) de bicarbonate de soude

15 ml (1 c. à table) de cannelle

10 ml (2 c. à table) de clous de girofle

5 ml (1 c. à thé) de piment de la Jamaïque

5 ml (1 c. à thé) de muscade

2 ml (1/2 c. à thé) de sel

250 ml (1 tasse) de canneberges séchées

2 oeufs

Glaçage au fromage à la crème (voir recette)

Préchauffer le four à 180 °C (350 °F). Mettre les carottes, le sucre, le beurre et les ananas dans leur jus dans une casserole de grandeur moyenne et faire mijoter 5 minutes, en remuant à l'occasion. Retirer du feu et laisser refroidir complètement.

Mélanger la farine, la poudre à pâte, le bicarbonate de soude, la cannelle, les clous de girofle, le piment de la Jamaïque, la muscade, le sel et les canneberges dans un grand bol. Dans un bol séparé, battre les oeufs jusqu'à ce qu'ils deviennent couleur jaune citron et ajouter le mélange de carottes. Bien mélanger. Ajouter le mélange de farine en remuant juste assez pour mélanger les ingrédients. Verser dans un moule à gâteau Bundt ou dans un moule à savarin de 25 cm (10 po), graissé et enfariné. Cuire environ 45 minutes ou jusqu'à ce qu'un cure-dents inséré au centre du gâteau en ressorte propre. Retirer du four et laisser refroidir 10 minutes avant d'inverser sur un plat de service. Couvrir de glaçage au fromage à la crème. Donne de 10 à 12 portions.

Glaçage au fromage à la crème

1 paquet de fromage à la crème de 200 g (8 oz), ramolli

125 ml (1/2 tasse) de beurre, ramolli

500 ml (2 tasses) de sucre à glacer, tamisé

125 ml (1/2 tasse) de pacanes, hachées

125 ml (1/2 tasse) d'ananas broyés, bien égouttés

60 ml (1/4 tasse) de canneberges séchées, hachées

Mélanger le fromage, le beurre et le sucre à glacer à l'aide d'un batteur électrique. Battre jusqu'à ce que le mélange soit léger et mousseux. Incorporer le reste des ingrédients.

Le gâteau aux carottes ultime : le gâteau aux canneberges et aux carottes, tel que servi par ▶ l'aubergiste Darlene Peerless de la maison Wickwire, située à Kentville en Nouvelle-Écosse.

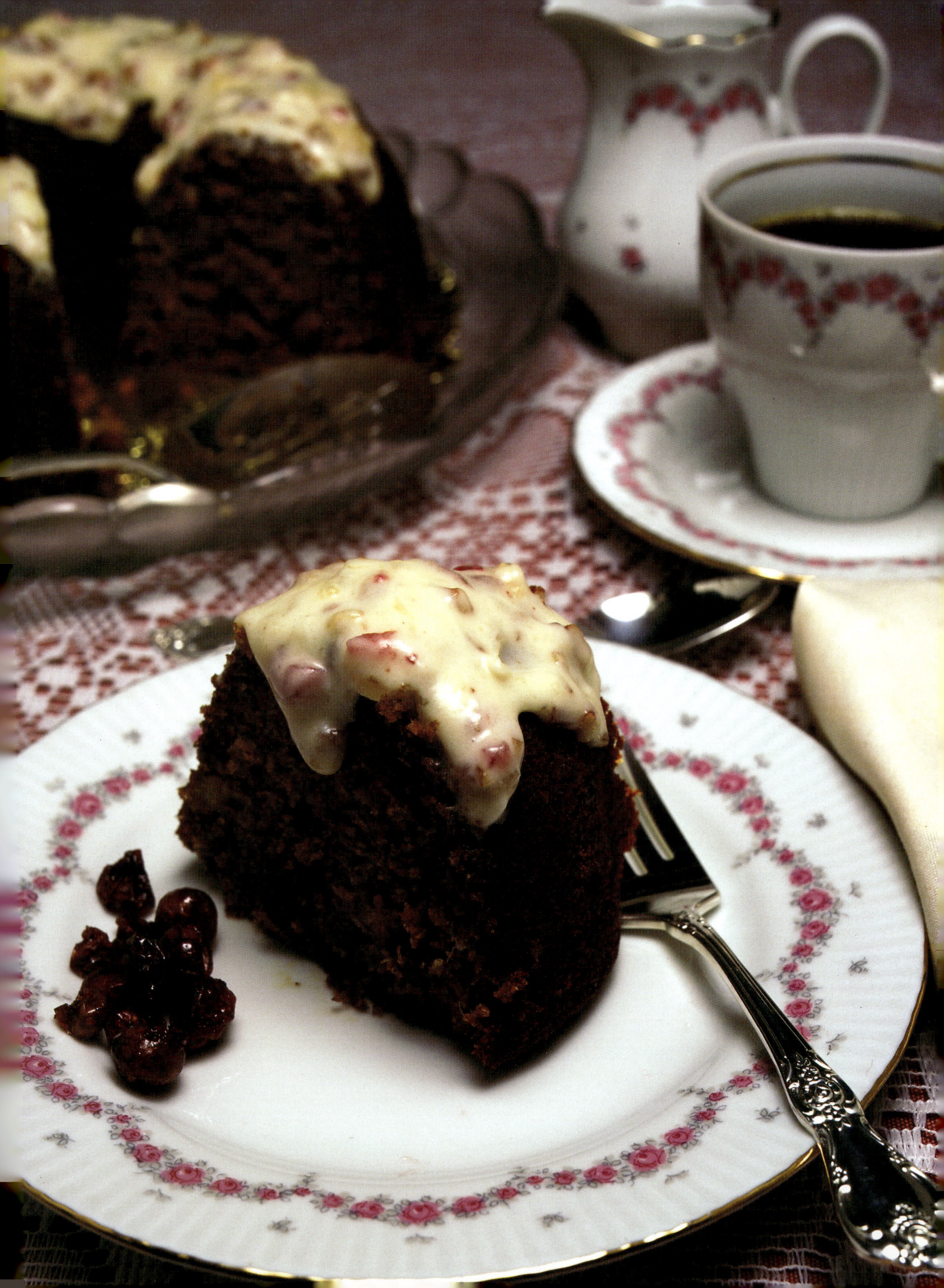

TARTE BRANT

CAFÉ ET ARTISANAT CHARLOTTE LANE, SHELBURNE, N.-É.

Au café et artisanat Charlotte Lane, le chef Glauser prépare l'abaisse du dessus en forme de treillis. Pour la photo, il sert la tarte sur un lit de crème anglaise, garnie d'un coulis aux framboises en forme de coeurs!

250 ml (1 tasse) de jus d'orange fraîchement pressé

160 ml (2/3 tasse) de sucre

500 ml (2 tasses) de canneberges fraîches

1/2 grosse poire, coupée en dés de 0,5 cm (1/4 po)

1/2 grosse pomme MacIntosh, coupée en dés de 0,5 cm (1/4 po)

15 ml (1 c. à table) de fécule de maïs, dissoute dans 30 ml (2 c. à table) d'eau

2 abaisses à tarte de votre choix

Sucre à glacer pour saupoudrer

Crème fouettée ou crème fraîche*, pour garnir

Mélanger le jus d'orange, le sucre, les canneberges, la poire et la pomme dans une grande casserole et amener à ébullition à feu moyen-vif. Réduire le feu et laisser mijoter jusqu'à ce que les fruits soient mous et que les canneberges éclatent. Diluer la fécule de maïs dans l'eau froide et incorporer au mélange de canneberges. Continuer la cuisson pour faire épaissir le mélange. Retirer du feu, laisser refroidir et réfrigérer plusieurs heures.

Préchauffer le four à 180 ºC (350 ºF). Préparer la pâte à tarte de votre choix et former deux abaisses. Mettre la première abaisse dans une assiette à tarte de 20 cm (8 po). Y verser la garniture refroidie. Couper la deuxième abaisse en bandelettes de 2 cm (3/4 po) de large par 30 cm (12 po) de long. Déposer les bandelettes sur la tarte à 2,5 cm (1 po) d'intervalle. Surperposer une deuxième couche de bandelettes à angle droit, en les passant en alternance au-dessus et en dessous de la première couche de bandelettes. Vous obtiendrez ainsi un motif en forme de treillis. Cuire dans le four préchauffé de 35 à 40 minutes ou jusqu'à ce que la croûte soit légèrement dorée. Laisser refroidir et saupoudrer de sucre à glacer. Servir d'une touche de crème fouettée ou de crème fraîche. Donne 6 portions.

* La crème fraîche est une crème épaissie, facile à préparer et qui se conservera au réfrigérateur jusqu'à une semaine. Placer 250 ml (1 tasse) de crème à 35 % dans un plat en verre, ajouter 30 ml (2 c. à table) de lait de beurre et couvrir. Garder à une température d'environ 20 ºC (70 ºF) de 8 à 24 heures. Bien mélanger, couvrir et réfrigérer.

Un délice aux canneberges : la tarte Brant, servie avec brio par le chef Roland ▶ Glauser, du café et artisanat Charlotte Lane, situé à Shelburne en Nouvelle-Écosse.

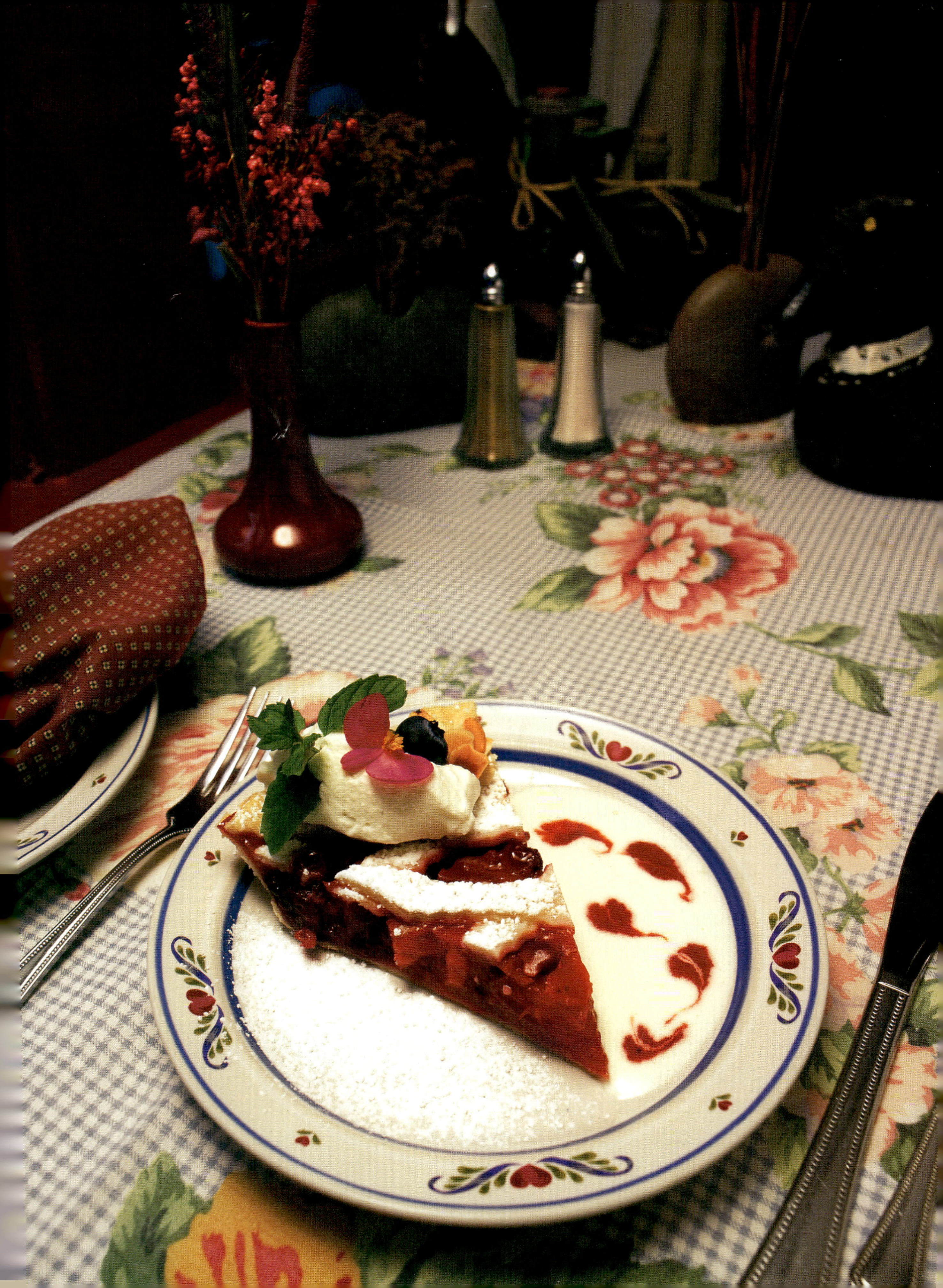

AUBERGE BLOMIDON, WOLFVILLE, N.-É.

À l'auberge Blomidon, les sorbets aux fruits sont souvent présentés entre les services en guise de rafraîchissement. Pour cette présentation, le sorbet aux canneberges est présenté sur un lit de crème de menthe, ce qui en fait un excellent choix comme dessert léger du temps des Fêtes.

500 ml (2 tasses) de sucre

250 ml (1 tasse) d'eau

180 ml (3/4 tasse) de jus de canneberges pur

Crème de menthe (optionnel)

Tiges de menthe fraîche, pour garnir

Mettre le sucre et l'eau dans une grande casserole et mélanger pour dissoudre le sucre. Amener à ébullition à feu moyen-vif, réduire le feu et laisser mijoter 5 minutes. Retirer du feu, incorporer le jus de canneberges et laisser refroidir.

Mettre le mélange dans une sorbetière et suivre les instructions du fabricant. Verser dans un contenant en plastique, couvrir et mettre au congélateur. Servir une petite portion de sorbet sur un lit de crème de menthe, garnir d'une tige de menthe fraîche. Donne 6 portions.

À la fois rafraîchissant et onctueux, le sorbet aux canneberges de l'auberge Blomidon ▶ est servi sur un lit de crème de menthe.

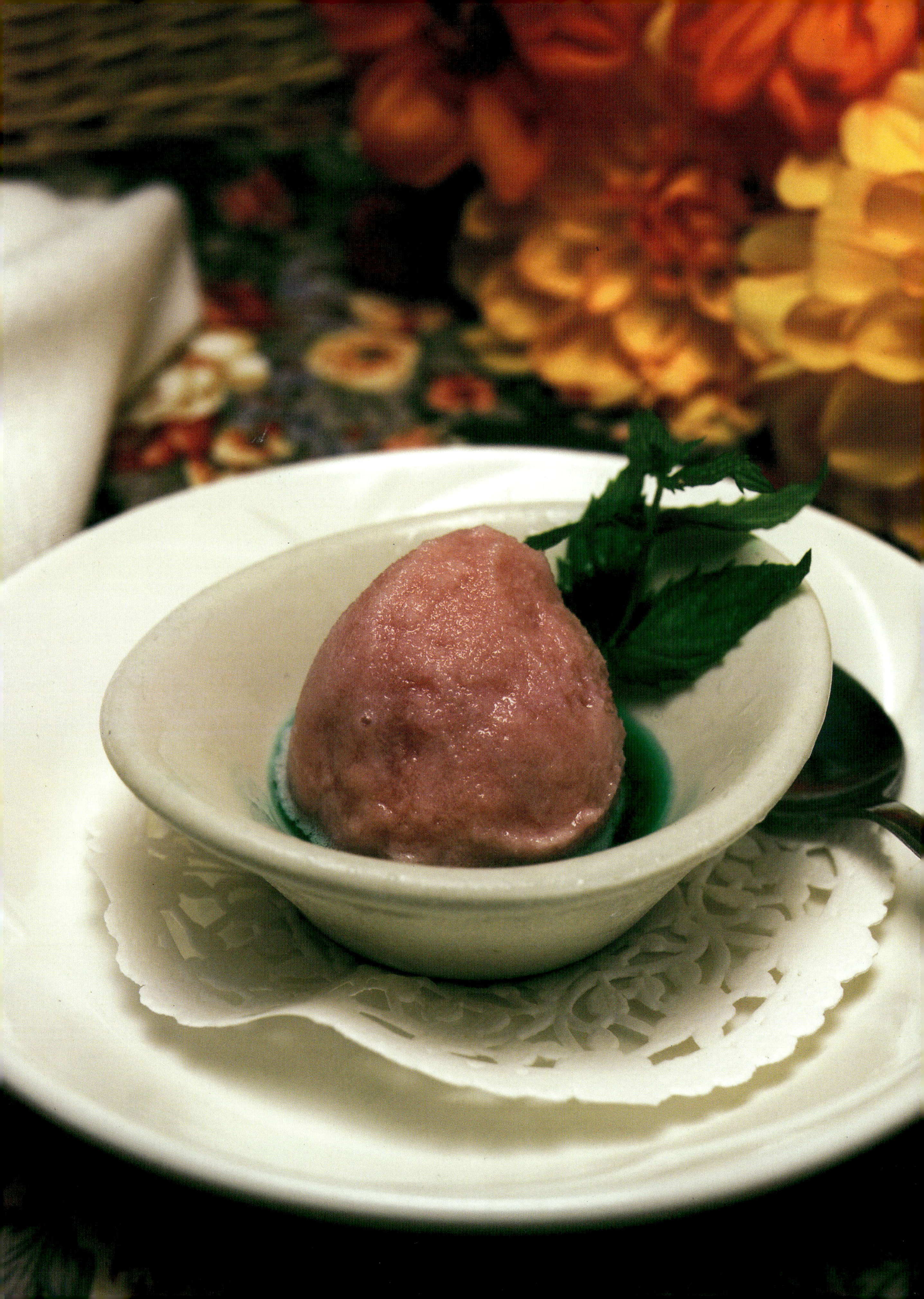

MOUSSE AU SIROP D'ÉRABLE ET COULIS DE CANNEBERGES

SALLE À MANGER LA PERLA, DARTMOUTH, N.-É.

Pour ce dessert attrayant, le chef James MacDougall marie le goût sucré du sirop d'érable au goût acidulé des canneberges fraîches.

15 ml (1 c. à table) de gélatine sans saveur

30 ml (2 c. à table) d'eau froide

250 ml (1 tasse) de sirop d'étable

250 ml (1 tasse) de crème à 35 %, fouettée

15 ml (1 c. à table) de brandy

Coulis de canneberges (voir recette)

Canneberges givrées (voir recette)

Crème fouettée additionnelle, pour garnir

Mettre la gélatine dans de l'eau froide environ 5 minutes. Placer dans la partie supérieure d'un bain-marie pour faire dissoudre la gélatine. L'eau dans la partie inférieure devrait mijoter. Dans une casserole séparée, amener le sirop d'érable à ébullition et verser sur la gélatine dissoute. Mélanger, retirer du feu et laisser refroidir.

Pendant que le sirop refroidi, fouetter la crème pour obtenir des pics mous. Lorsque le sirop est refroidi et avant qu'il ne soit gélatineux, ajouter le brandy et y plier la crème fouettée. Verser dans six ramequins individuels et laisser prendre au réfrigérateur. Au moment de servir, verser un peu de coulis de canneberges dans six assiettes à dessert. Démouler délicatement les mousses et placer sur le coulis. Garnir de rosettes de crème fouettée et de quelques canneberges givrées. Donne 6 portions.

Coulis de canneberges

500 ml (2 tasses) de canneberges fraîches

160 ml (2/3 tasse) d'eau

160 ml (2/3 tasse) de sucre en poudre (extra fin)

22 ml (1 1/2 c. à table) de brandy

Mélanger les canneberges et l'eau dans une grande casserole et faire bouillir 10 minutes. Verser dans une passoire et conserver le jus. Faire bouillir le jus à nouveau, ajouter le sucre et laisser réduire légèrement, environ 3 minutes. Écumer, ajouter le brandy et laisser refroidir.

Canneberges givrées

12 grosses canneberges fraîches

Le blanc d'un gros oeuf

125 ml (1/2 tasse) de sucre en poudre (extra fin)

Fouetter le blanc d'oeuf dans un petit bol jusqu'à ce qu'il soit mousseux. Y tremper les canneberges pour les recouvrir et les rouler, par la suite, dans le sucre. Laisser sécher sur une feuille de papier ciré.

La mousse au sirop d'érable et coulis de canneberges, l'oeuvre de James MacDougall ▶ de la salle à manger La Perla, à Dartmouth, Nouvelle-Écosse.

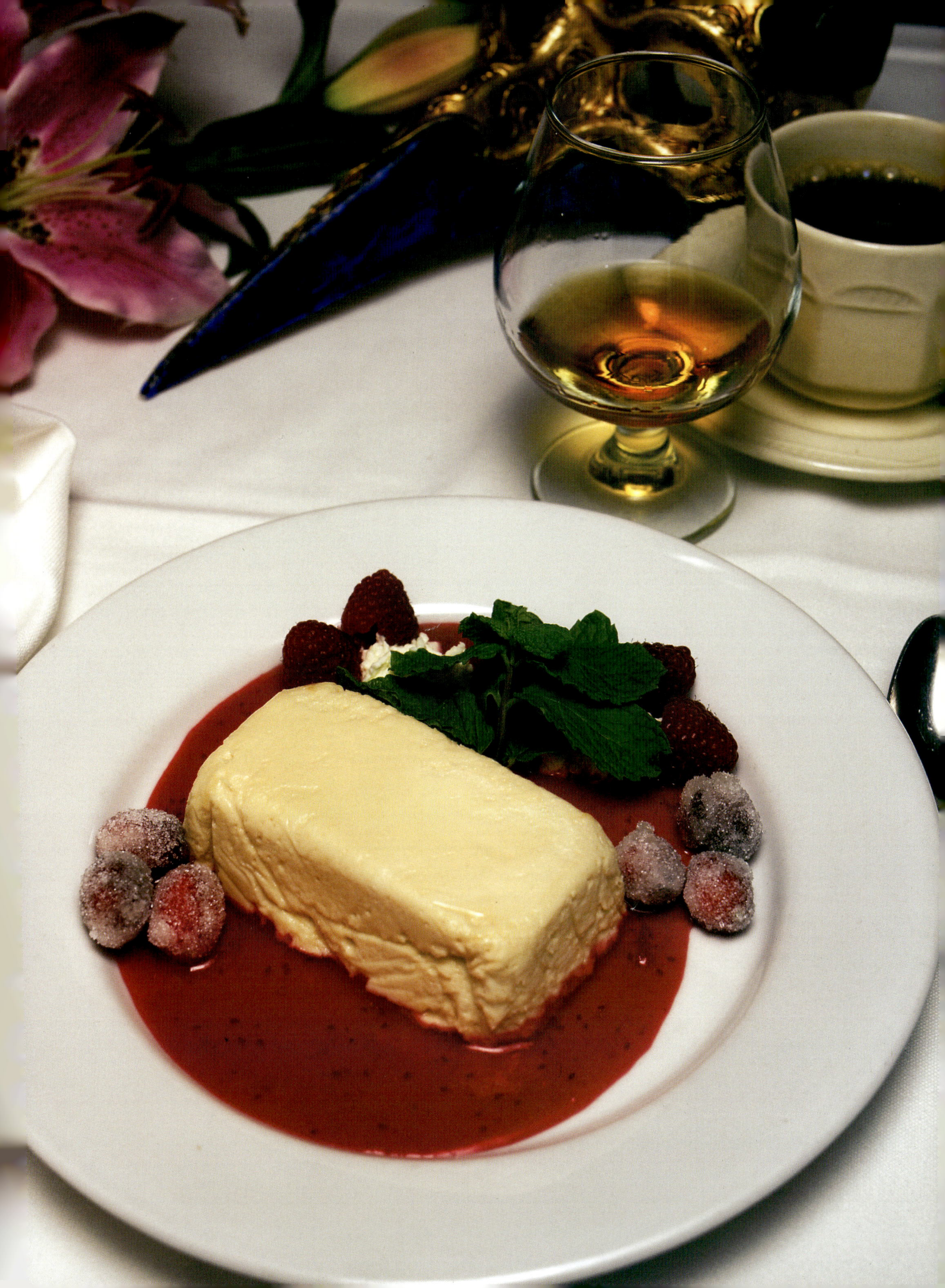

TARTE AUX POMMES ET AUX CANNEBERGES

RESTAURANT AUX ANCIENS CANADIENS, QUÉBEC, QC

Voici une variation savoureuse d'une recette traditionnelle. Le chef vous suggère de servir cette tarte chaude, accompagnée de crème glacée à la vanille de bonne qualité.

2 abaisses à tarte

250 ml (1 tasse) de canneberges fraîches ou congelées, coupées en quatre

4 pommes moyennes, pelées, épépinées et finement tranchées

300 ml (1 1/4 tasse) de sucre

15 ml (1 c. à table) de farine

5 ml (1 c. à thé) de muscade moulue

Préchauffer le four à 190 °C (375 °F). Préparer la pâte à tarte de votre choix et former deux abaisses pour une assiette à tarte de 22,5 cm (9 po). Dans un grand bol, mélanger les canneberges et les pommes tranchées. Dans un bol séparé, mélanger le sucre, la farine et la muscade. Recouvrir les canneberges du mélange de sucre. Verser dans l'assiette à tarte, couvrir de la deuxième abaisse et pratiquer quelques entailles sur le dessus de la tarte. Cuire de 35 à 40 minutes, jusqu'à ce que la croûte soit dorée et que la garniture bouillonne. Donne 4 portions.

MARGARITA DE NOËL

CAFÉ ACTOR'S RETREAT, VICTORIA, Î.-P.-É.

Olé! Le chef Paul Sheridan prépare la base de ce margarita plusieurs semaines avant Noël. Mais, pourquoi attendre jusqu'à Noël?

1 L (4 tasses) de canneberges fraîches

500 ml (2 tasses) de sucre

500 ml (2 tasses) de Tequila ou de gin

Hacher les canneberges et ajouter au Tequila avec le sucre. Placer dans un pot en verre. Ne pas utiliser un couvercle en métal. Brasser le mélange chaque jour, pendant trois semaines. Tamiser le mélange en pressant légèrement pour retirer tout le jus. Servir sur de la glace concassée. Donne 750 ml (3 tasses).

Le Margarita de Noël : un succès de saison servi au café Actor's ▶ Retreat, de Victoria à l'Île-du-Prince-Édouard.

Choux farcis à la crème de canneberges

AUBERGE DE CAMPAGNE LITTLE SHEMOQUE, PORT ELGIN, N.-B.

L'aubergiste Petra Sudbrack aime servir à ses invités les meilleurs fruits et légumes cultivés localement. Ces choux farcis à la crème de canneberges constituent un exemple de ses talents innovateurs.

250 ml (1 tasse) de farine

1 ml (1/4 c. à thé) de sel

1 pincée de muscade fraîchement râpée

180 ml (3/4 tasse) d'eau

250 ml (1 tasse) de beurre, coupé en 6 morceaux égaux

3 oeufs

500 ml (2 tasses) de canneberges

160 ml (2/3 tasse) de sucre

Eau

45 ml (3 c. à table) de Cointreau

250 ml (1 tasse) de crème à 35 %, fouettée

Sucre à glacer, pour saupoudrer

Sirop de chocolat pour garnir (optionnel)

Préchauffer le four à 200 ºC (400 ºF). Graisser une grande plaque à biscuits et mettre de côté. Tamiser la farine, le sel et la muscade sur une feuille de papier ciré ou de papier aluminium. Dans une casserole de grandeur moyenne, amener l'eau et le beurre à ébullition. Retirer du feu et ajouter les ingrédients secs. Battre à l'aide d'une cuiller en bois environ 1 minute, jusqu'à ce que le tout soit bien mélangé et que le mélange ne colle plus aux parois de la casserole. Faire cuire le mélange à feu lent environ 2 minutes, en battant constamment. Retirer du feu. Ajouter les oeufs, un à un, en battant après chaque addition de façon à former une pâte lisse et luisante.

À l'aide d'une cuiller à table, répartir la pâte en 12 monticules sur la plaque à biscuits préparée. Cuire de 25 à 30 minutes. Retirer les choux du four et pratiquer une petite incision pour faire sortir la vapeur. Fermer le four et laisser la porte ouverte. Remettre les choux dans le four pour les faire sécher.

Pendant la cuisson des choux, mettre les canneberges, le sucre et juste assez d'eau pour recouvrir les fruits dans une casserole moyenne. Faire chauffer à feu moyen, et cuire les fruits environ 20 minutes ou jusqu'à ce que la sauce soit lisse. Retirer du feu et incorporer le Cointreau. Mettre de côté, laisser refroidir et réfrigérer.

Au moment de servir, plier la crème fouettée dans les canneberges refroidies. Garnir les choux du mélange de canneberges, saupoudrer de sucre à glacer et arroser de sirop de chocolat. Donne de 12 à 14 choux.

Les choux légers farcis à la crème de canneberges de l'auberge de campagne Little ▶ Shemoque, située à Port Elgin au Nouveau-Brunswick.

INDEX

Auberge Blomidon, Wolfville, N.-É.
    Filet de porc aux fines herbes et compote de canneberges 46
    Pâté de campagne et compote aux canneberges 18
    Sorbet aux canneberges 56
Auberge Cranberry Cove, Louisbourg, N.-É.
    Gâteau aux canneberges cordon rouge 9
Auberge de campagne Jubilee Cottage, Wallace, N.-É.
    Consommé de canneberges 22
Auberge de campagne Little Shemoque, Port Elgin, N.-B.
    Brie en croustade et sauce aux canneberges 20
    Choux farcis à la crème de canneberges 62
Auberge de campagne Shadow Lawn, Rothesay, N.-B.
    Couronne d'agneau du printemps et jus de canneberges séchées 32
Auberge Halliburton House, Halifax, N.-É.
    Poitrines de faisan rôties dans un jus de canneberges séchées 42
Auberge historique Kaulback House, Lunenburg, N.-É.
    Muffins aux canneberges du matin de Noël 13
Auberge Inn at Bay Fortune, Bay Fortune, Î.-P.-É.
    Venaison grillée et chutney aux canneberges 38
Auberge Inn on the Cove, Saint John, N.-B.
    Pain perdu au sirop d'érable et aux canneberges 51
Auberge Inn on the Lake, Waverley, N.-É.
    Relish aux canneberges et à l'oignon 16
Auberge Mountain Gap, Smith's Cove, N.-B.
    Muffins aux canneberges et à l'orange 8
Auberge Tattingstone, Wolfville, N.-É.
    Chutney aux canneberges de l'auberge Tattingstone 17
Auberge Whitman, Kempt, N.-É.
    Crêpes aux canneberges et aux amandes 10
    Poitrines de poulet farcies aux poires et au fromage, crème aux canneberges séchées et au brandy 40
Boissons
    Lait frappé aux canneberges, à l'orange et aux bananes 12
    Margarita de Noël 60
Brie en croustade et sauce aux canneberges 20
Café Actor's Retreat, Victoria, Î.-P.-É.
    Margarita de Noël 60
Café et artisanat Charlotte Lane, Shelburne, N.-É.
    Tarte Brant 54
Café et bistro Sunshine on Main, Antigonish, N.-É.
    Fettucini Annapolis 30
    Filet de porc farci à l'oignon rouge et confit de canneberges 28
Café et cuisine Libertine, Halifax, N.-É.
    Soupe froide aux canneberges et aux framboises 16
Centre de villégiature Briars, Jackson's Point, Ont.
    Filet de saumon poché, relish aux canneberges et au fenouil 29
Choux farcis à la crème de canneberges 62
Chutney
    Chutney aux canneberges 38
    Chutney aux canneberges de l'auberge Tattingstone 17
    Chutney épicé aux canneberges et aux poires 24
Consommé de canneberges 22
Couronne d'agneau du printemps et jus de canneberges séchées 32
Crêpes aux canneberges et aux amandes 10
Fettucini Annapolis 30
Filet de porc aux fines herbes et compote de canneberges 46
Filet de porc farci à l'oignon rouge et confit de canneberges 28
Filet de saumon poché, relish aux canneberges et au fenouil 29
Gâteau aux canneberges cordon rouge 9
Gâteau aux canneberges et aux carottes Peerless 52
Gîte du passant Murray Manor, Yarmouth, N.-É.
    Pouding vapeur aux canneberges et sauce au caramel écossais 51
Hôtel Prince Edward, Charlottetown, Î.-P.-É.
    Lait frappé aux canneberges, à l'orange et aux bananes 12
Hôtel Dundee Arms, Charlottetown, Î.-P.-É.
    Poulet rôti Galliano et sauce crémeuse aux canneberges 34
Lait frappé aux canneberges, à l'orange et aux bananes 12
Les desserts 49-62
    Choux farcis à la crème de canneberges 62
    Gâteau aux canneberges et aux carottes Peerless 52
    Mousse au sirop d'érable et coulis de canneberges 58
    Pouding vapeur aux canneberges et sauce au caramel écossais 51
    Sorbet aux canneberges 56
    Tarte Brant 54
    Tarte aux pommes et aux canneberges 60
    Tartelette aux noisettes garnie de canneberges 50
Les entrées, les soupes et les accompagnement 15-24
    Brie en croustade et sauce aux canneberges 20
    Chutney aux canneberges de l'auberge Tattingstone 17
    Chutney épicé aux canneberges et aux poires 24
    Consommé de canneberges 22
    Pâté de campagne et compote aux canneberges 18
    Relish aux canneberges et à l'oignon 16
    Sauce aux canneberges ultime 17
    Soupe froide aux canneberges et aux framboises 16
Les petits déjeuners 7-13
    Crêpes aux canneberges et aux amandes 10
    Gâteau aux canneberges cordon rouge 9
    Lait frappé aux canneberges, à l'orange et aux bananes 12
    Muffins aux canneberges du matin de Noël 13
    Muffins aux canneberges et à l'orange 8
    Pain aux canneberges et à l'ananas 12
Les plats principaux 27-46
    Couronne d'agneau du printemps et jus de canneberges séchées 32
    Fettucini Annapolis 30
    Filet de porc aux fines herbes et compote de canneberges 46
    Filet de porc farci à l'oignon rouge et confit de canneberges 28
    Filet de saumon poché, relish aux canneberges et au fenouil 29
    Poitrines de faisan rôties dans un jus de canneberges séchées 42
    Poitrines de poulet farcies aux poires et au fromage, crème aux canneberges séchées et au brandy 40
    Poulet glacé aux canneberges de Seasons 44
    Poulet rôti Galliano et sauce crémeuse aux canneberges 34
    Salade de poitrine de canard et vinaigrette chaude 36
    Venaison grillée et chutney aux canneberges 38
Maison Wickwire, Kentville, N.-É.
    Gâteau aux canneberges et aux carottes Peerless 52
    Chutney épicé aux canneberges et aux poires 24
Margarita de Noël 60
Mousse au sirop d'érable et coulis de canneberges 58
Muffins aux canneberges et à l'orange 8
Muffins aux canneberges du matin de Noël 13
Muffins aux canneberges et à l'orange 8
Pain aux canneberges et à l'ananas 12
Pains et muffins
    Gâteau aux canneberges cordon rouge 9
    Muffins aux canneberges du matin de Noël 13
    Pain aux canneberges et à l'ananas 12
    Pâté de campagne et compote aux canneberges 18
    Poitrines de faisan rôties dans un jus de canneberges séchées 42
    Poitrines de poulet farcies aux poires et au fromage, crème aux canneberges séchées et au brandy 40
    Pouding vapeur aux canneberges et sauce au caramel écossais 51
    Poulet glacé aux canneberges de Seasons 44
    Poulet rôti Galliano et sauce crémeuse aux canneberges 34
Relish aux canneberges et à l'oignon 16
Restaurant Aux Anciens Canadiens, Québec, Qc
    Tarte aux pommes et aux canneberges 60
Restaurant Catherine McKinnon's Spot O' Tea, Stanley Bridge, Î.-P.-É.
    Tartelette aux noisettes garnie de canneberges 50
Restaurant Seasons in Thyme, Summerside, Î.-P.-É.
    Poulet glacé aux canneberges de Seasons 44
Salade de poitrine de canard et vinaigrette chaude 36
Salle à manger La Maison, Halifax, N.-É.
    Salade de poitrine de canard et vinaigrette chaude 36
Salle à manger La Perla, Dartmouth, N.-É.
    Mousse au sirop d'érable et coulis de canneberges 58
Sauce aux canneberges ultime 17
Sorbet aux canneberges 56
Soupe froide aux canneberges et aux framboises 16
Tarte Brant 54
Tarte aux pommes et aux canneberges 60
Tartelette aux noisettes garnie de canneberges et pommes pochées 50
Venaison grillée et chutney aux canneberges 38